JN362456
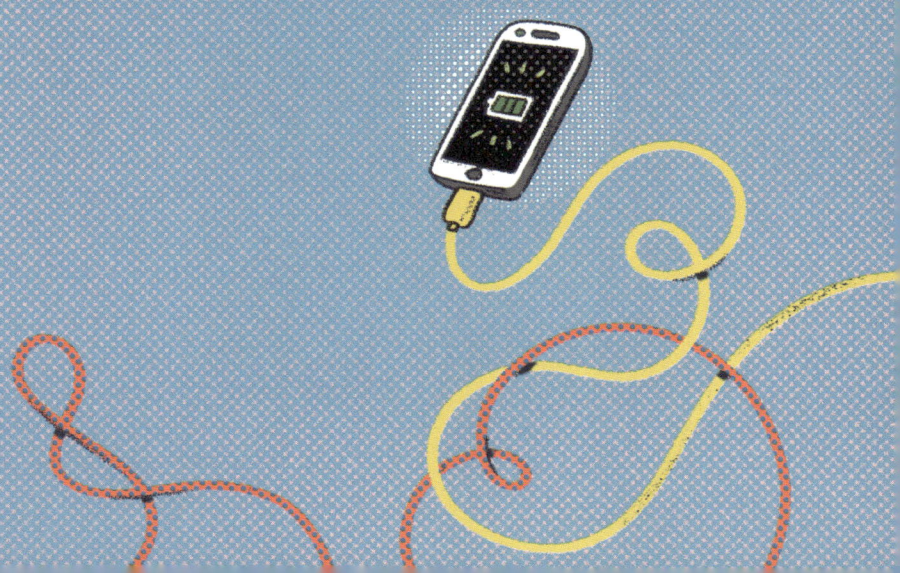

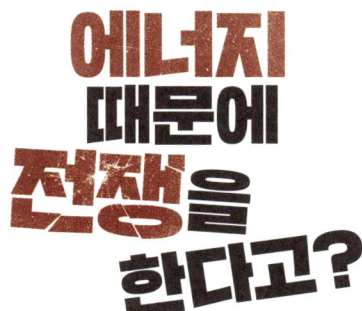

에너지 때문에 전쟁을 한다고?

초판 1쇄 2023년 2월 14일 | 초판 2쇄 2024년 6월 3일
글 크리스티나 슈타인라인 | 그림 안네 베커 | 옮김 신동경 | 추천 (사)환경교육센터
편집 이다정, 최은영 | 디자인 윤현이 | 마케팅 강백산, 강지연

펴낸이 이재일 | 펴낸곳 토토북 04034 서울시 마포구 잔다리로7길 19, 3층 (서교동)
전화 02-332-6255 | 팩스 02-6919-2854 | 홈페이지 www.totobook.com
전자우편 totobooks@hanmail.net | 출판등록 2002년 5월 30일 제 2002-000172호
ISBN 978-89-6496-484-2 73500

DIE GANZE WELT STECKT VOLLER ENERGIE
by Christina Steinlein, illustrated by Anne Becker ⓒ 2021 Beltz & Gelberg, in the publishing group Beltz – Weinheim Basel
Korean Translation ⓒ 2023 by TOTOBOOK Publishing Co.
All rights reserved.
The Korean language edition published by arrangement with Julius Beltz GmbH&Co. KG through MOMO Agency, Seoul.

· 이 책의 한국어판 저작권은 모모 에이전시를 통해 Julius Beltz GmbH&Co. KG 사와의 독점 계약으로 토토북에 있습니다.
· 저작권법에 의해 한국 내에서 보호를 받는 저작물이므로 무단 전재와 무단 복제를 금합니다.
· 잘못된 책은 구입하신 곳에서 바꾸어 드립니다.

| 제품명: 에너지 때문에 전쟁을 한다고? | 제조사명: 토토북 | 제조국명: 대한민국 | 전화: 02-332-6255 |
| 주소: 서울시 마포구 잔다리로7길 19, 3층(서교동) | 제조일: 2024년 6월 3일 | 사용연령: 8세 이상 |

* KC 인증 유형: 공급자 적합성 확인 * KC마크는 이 제품이 공통안전기준에 적합하였음을 의미합니다.

⚠ 주의 책의 모서리에 다치지 않게 주의하세요.

에너지 때문에 전쟁을 한다고?

크리스티나 슈타인라인 글 | 안네 베커 그림
신동경 옮김 | (사)환경교육센터 추천

추천의 글

우리 함께 에너지 문제의 해결 방법을 찾아요!

《에너지 때문에 전쟁을 한다고?》는 오늘날 에너지 문제를 이해하는 데 꼭 필요한 내용을 한 권에 모두 담은 책이에요. 우리가 먹고 마시는 것에서부터 버스, 자동차, 비행기와 같은 탈것, 불을 켜고, 얼음을 얼리고, 옷을 세탁하고, 친구와 메시지를 주고받고, 재미있는 영상을 보고, 게임을 할 수 있게 해 주는 모든 것이 에너지와 관련이 있어요.

이 책을 읽고 나면 눈에 보이지 않는 에너지가 우리의 생활 속에서 어떤 형태로 존재하는지 확실하게 알게 될 거예요.

그런데 기후 위기와 에너지 문제가 심각해진 오늘날, 에너지의 개념과 종류를 아는 것만으로는 미래를 대비할 수 없어요. 에너지가 얼마나 불평등하게 소비되고 있는지, 에너지를 둘러싼 분쟁이 왜 일어나는지, 에너지 문제가 기후 변화에 어떤 영향을 끼치고, 누가 어떻게 책임져야 하는지 등 우리가 마주한 에너지 문제를 제대로 알아야 합니다.

이 책은 에너지를 둘러싼 복합적인 문제를 다양한 각도에서 보여 줍니다. 온실가스를 배출하는 화석 연료 발전의 문제점뿐만 아니라 온실가스가 적게 나온다는 원자력 발전의 위험성도 정확하게 짚어 줘요. 친환경 에너지로 각광받는 재생 에너지의 장점과 함께 재생 에너지 발전소를 세우면서 벌어지는 환경 파괴와 시설 관리의 문제점까지 고루 다루고 있지요.

또한 이 책은 에너지 소비에 관해서도 말하고 있어요. 내연 기관 자동차를 전부 전기 자동차로 바꾸더라도 에너지 소비가 줄어들지 않으면 문제를 해결할 수 없어요. 화석 연료와 원자력 에너지를 깨끗한 재생 에너지로 전환하는 것도 중요하지만, 에너지의 소비를 줄이는 것이 가장 즉각적인 변화를 만들 수 있지요.

　에너지 문제를 해결할 수 있는 완벽한 방법이 있을까요? 인류는 아직 답을 찾기 위해 애쓰고 있어요. 이 책을 통해 에너지를 둘러싼 다양한 정보를 살펴보고, 우리 함께 에너지 문제의 해결 방법을 고민해 보아요.

(사)환경교육센터

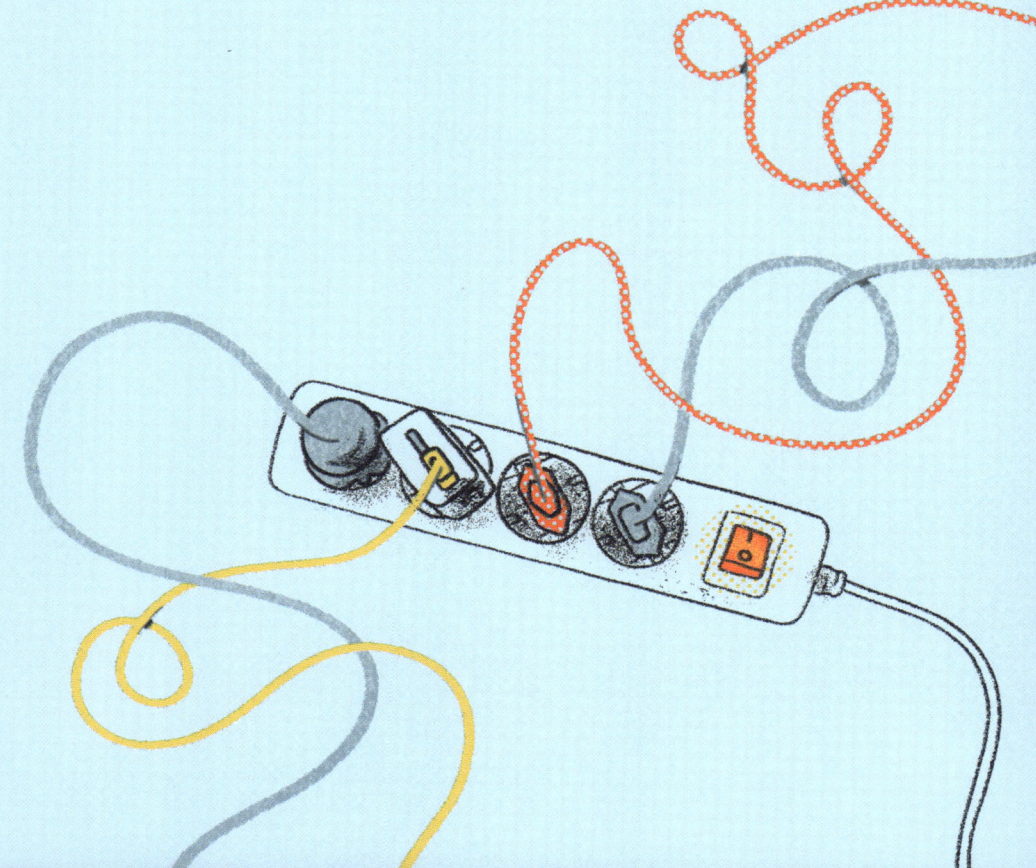

차례

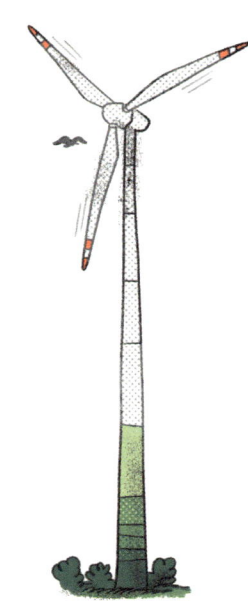

추천의 글 _4

에너지는 어떻게 생겼나요? _10
에너지는 어디에서 얻나요? _16
언제부터 전기 에너지를 쓰기 시작했나요? _20
전기는 어떤 모양이에요? _24
전기는 어떻게 만들어요? _28
우리는 전기를 얼마나 써요? _34
에너지 없이 살 수도 있나요? _40
에너지 자원에는 어떤 것들이 있나요? _47
에너지 때문에 전쟁이 일어날 수 있나요? _54

기후 변화랑 에너지가 무슨 상관이에요? _56
원자력 발전이 뭐예요? _62
재생 에너지가 뭐예요? _66
화석 연료를 쓰지 않을 방법이 또 있나요? _76
왜 수소 에너지가 주목받나요? _80
에너지를 아끼려면 어떻게 해야 할까요? _84
미래에는 어떤 에너지를 쓸까요? _92

알아 두면 쓸모 있는 에너지 용어 사전 _94

부모님이나 선생님에게 이런 말 들은 적 있니? 어른들은 쉬지도 않고 뛰어노는 아이들에게 에너지가 넘친다는 말을 해. "너희는 기운이 펄펄 나는구나!"라는 뜻이지.

에너지라는 말에는 기운이 난다는 뜻만 있을까?
아니, 여러 뜻이 숨어 있어.

💡 에너지는 어떻게 생겼나요?

에너지는 눈에 보이지 않아. 사진을 찍어도 모습을 담을 수 없지. 하지만 에너지는 어디에나 있고 하는 일이 많아. 나무를 자라게 하고, 빛을 내고, 음식을 익혀 줘. 또 소리를 퍼뜨리고 자전거를 움직이게 하지. 우리는 주변에서 에너지를 손쉽게 찾을 수 있어.

에너지는 저절로 생기지 않아. 여기에 어떤 에너지가 있다면, 다른 형태로 존재했던 에너지가 변한 거야. 에너지는 사라지지도 않아. 빛에서 열로, 열에서 운동 에너지로 거듭 바뀔 뿐이야. **에너지는 같은 상태로 머물지 않고 항상 변해.**

나무를 자라게 해.

몸을 움직이게 하는 것도 에너지야.
우리는 음식에 들어 있는 영양소에서 에너지를 얻어. 에너지를 얻을 수 있는 3대 영양소가 있어. 탄수화물과 지방, 단백질이 그것이지. 탄수화물은 밥과 빵, 면, 감자, 설탕 등에 들어 있고, 지방은 돼지비계와 버터, 기름 등에 들어 있어. 단백질은 고기와 생선, 달걀, 곡물, 콩 등에 들어 있지. 음식에는 미네랄과 비타민이라는 영양소도 들어 있는데, 우리 몸에 에너지를 주진 않지만 꼭 필요해.

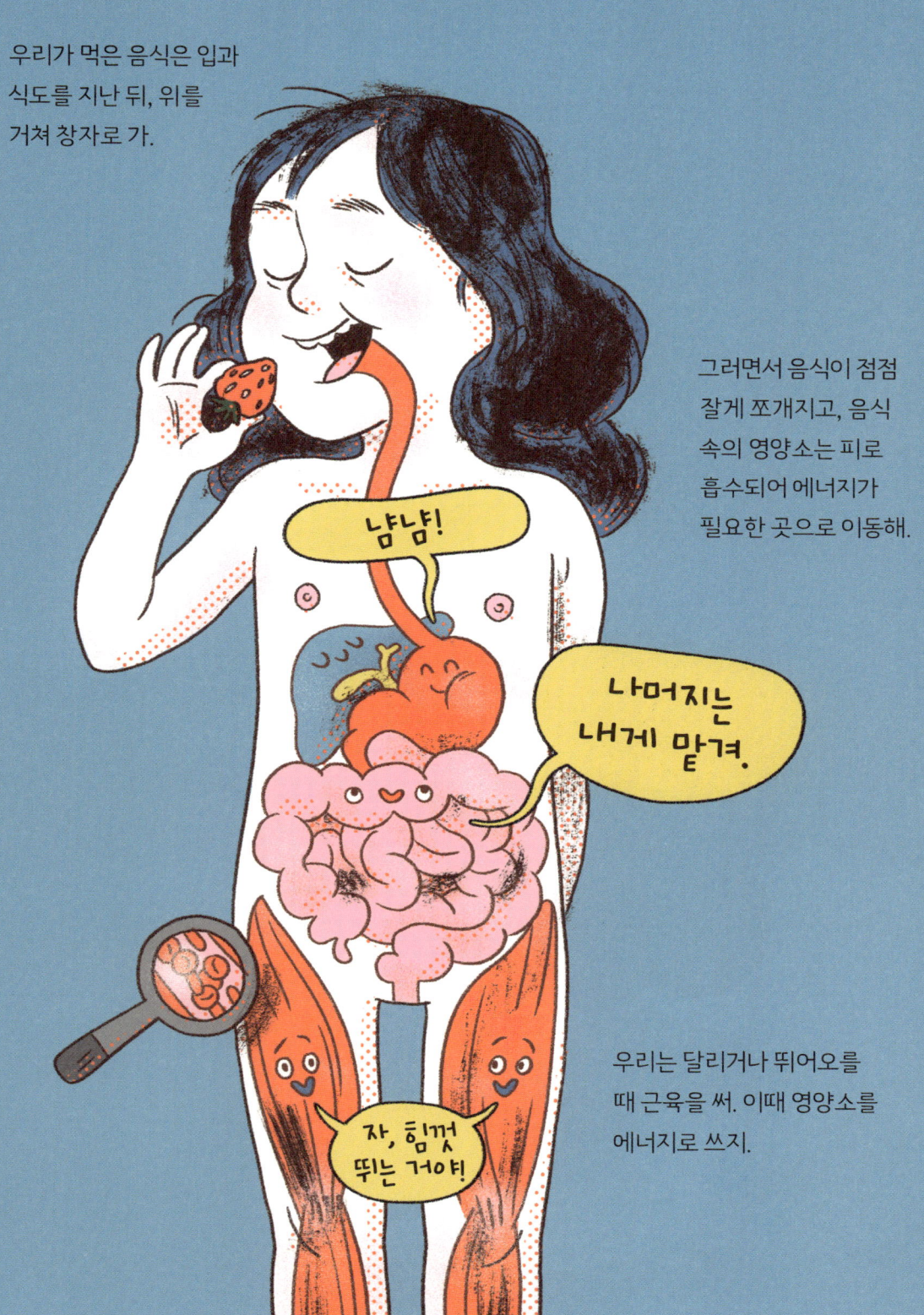

몸은 에너지를 저장할 수 있어. 우리는 끊임없이 에너지를 쓰기 때문에 몸이 에너지를 저장하는 건 중요해. 아무것도 하지 않을 때에도 우리 몸은 에너지를 써. 그래서 "푹 자고 일어나면 에너지가 충전될 거야."라는 말은 어느 정도만 맞아.

조용히 잠든 동안에도 우리 몸은 부지런히 에너지를 쓰기 때문이야. 심장은 뛰고, 폐는 숨을 쉬고, 세포는 일을 해. 뇌도 쉬는 법이 없지. 우리 몸이 음식을 소화해서 영양소로 저장한 덕분에 가능한 일이야.

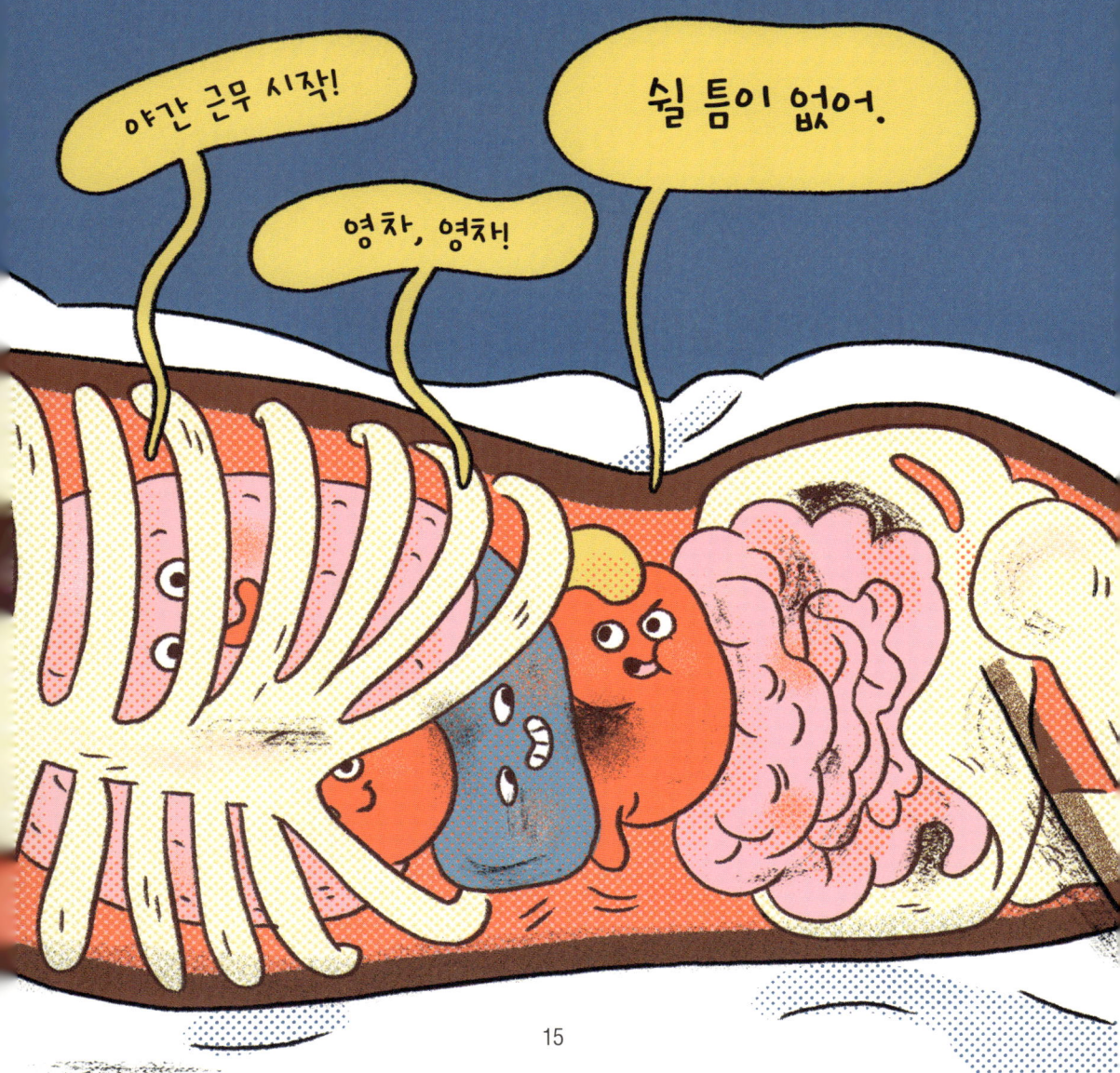

에너지는 어디에서 얻나요?

우리가 영양소를 얻는 식물부터 살펴보자. 식물은 우리가 먹는 음식이기도 하고, 살아가는 데 꼭 필요한 산소를 만들기도 해. 식물은 어디에서 에너지를 얻을까? 태양에서 직접 얻어. **식물이 태양에서 에너지를 받아 영양분을 만드는 것을 광합성이라고 해.** 동물은 식물을 먹어서 에너지를 얻거나 식물을 먹은 다른 동물을 잡아먹어서 에너지를 채워. 동물이 쓰는 에너지도 태양에서 온 셈이야.

> 라틴어로 산소는 'Oxygenium(옥시게니움)'이야. 라틴어의 머리글자를 따서 간단하게 'O'로 산소를 나타내.

식물이 광합성을 하려면 햇빛이 잎에 닿아야 해.
식물 잎은 태양에서 온 빛 에너지를 흡수하고,
공기 중에 떠다니는 이산화탄소도 함께 빨아들여.

햇빛

이산화탄소 산소

음, 맛있어!

당분

뿌리는 물과 미네랄을 흡수해.
미네랄은 공기나 흙, 물에
들어 있어.

뿌리가 흡수한 물이 잎으로
올라가면, 이산화탄소와
빛 에너지와 만나 광합성이
일어나. 광합성을 하는
동안 당분이 만들어지는데,
식물은 당분을 저장하거나
성장하는 데 써.

물
미네랄

사람도 다른 동물처럼 음식에서 에너지를 얻어.
오래전 사람들은 나무에 달린 열매를 따 먹거나 산과 들에 자란 풀을 캐어 먹었어. 산과 들, 강과 바다에서 얻은 먹을거리를 날로 먹어야만 했지.

그러다 불을 일으키는 법을 알고 나서부터 음식을 익혀 먹기 시작했어. 날로 먹을 때보다 소화가 훨씬 잘 되고, 에너지도 많이 흡수할 수 있어서 뇌가 크게 발달하게 되었지. 뇌는 에너지를 상당히 많이 쓰거든.

내 뇌가 부럽니?

사람들은 불을 피워 음식을 요리할 뿐만 아니라 언 몸을 녹이고 주변 온도를 높이는 데에도 이용했어. 그 덕분에 추운 겨울밤을 따뜻하게 보낼 수 있었어.

언제부터 전기 에너지를 쓰기 시작했나요?

예전에는 지금처럼 전기를 쓰는 대신 불을 썼어. 사람들은 불을 피워 집을 따뜻하게 데우고, 음식을 익히고 요리했어. 불로 쇠를 달구고 두들겨서 농사나 전쟁, 사냥에 필요한 도구와 무기들을 만들어 썼지.

물과 바람의 힘으로 방아를 돌려 쌀, 보리, 콩 따위의 곡식을 찧거나 빻기도 했어.

처음에는 부싯돌을 치거나 나뭇가지를 비벼서 모닥불이나 화롯불을 피웠어. 그러다 동물과 식물에서 기름을 얻어 등불을 켜기 시작했지. 나중에는 가스를 써서 불을 밝혔어. 유럽에는 지금도 가스로 가로등을 켜는 거리가 있어.

19세기에 이르러서는 석탄을 주로 쓰기 시작했어. 이때 증기의 힘으로 달리는 기관차가 등장했지. 증기 기관차 덕분에 사람들은 더 먼 곳으로, 더 빠르게 이동할 수 있었어.

사람들이 처음으로 전기를 만들어 쓰기 시작한 건 약 140년 전이야. 가장 먼저 가로등을 켰어. 곧이어 전기로 움직이는 전차가 거리를 달리고, 약 100년 전부터는 집집마다 전등불을 켜기 시작했지. 우리나라에서는 1887년, 경복궁 안에 있는 건청궁 뜰에 처음으로 전등불이 밝혀졌어.

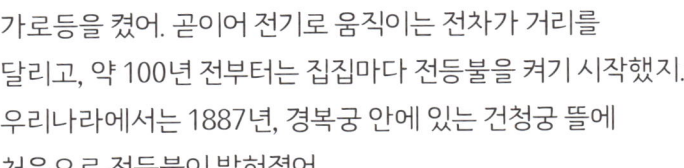

사람들은 오래전부터 석유를 사용했지만, 19세기가 끝날 무렵에야 휘발유를 뽑아내는 법을 찾아냈어. 이후 카를 벤츠라는 독일 사람이 휘발유 엔진을 이용해 첫 자동차를 만들어 특허를 따냈지.

카를 벤츠가 만든 자동차는 바퀴가 세 개 달린 '모터바겐'이라는 차였어. 자동차를 본 사람들은 기적이 일어났다고 말했지.

💡 전기는 어떤 모양이에요?

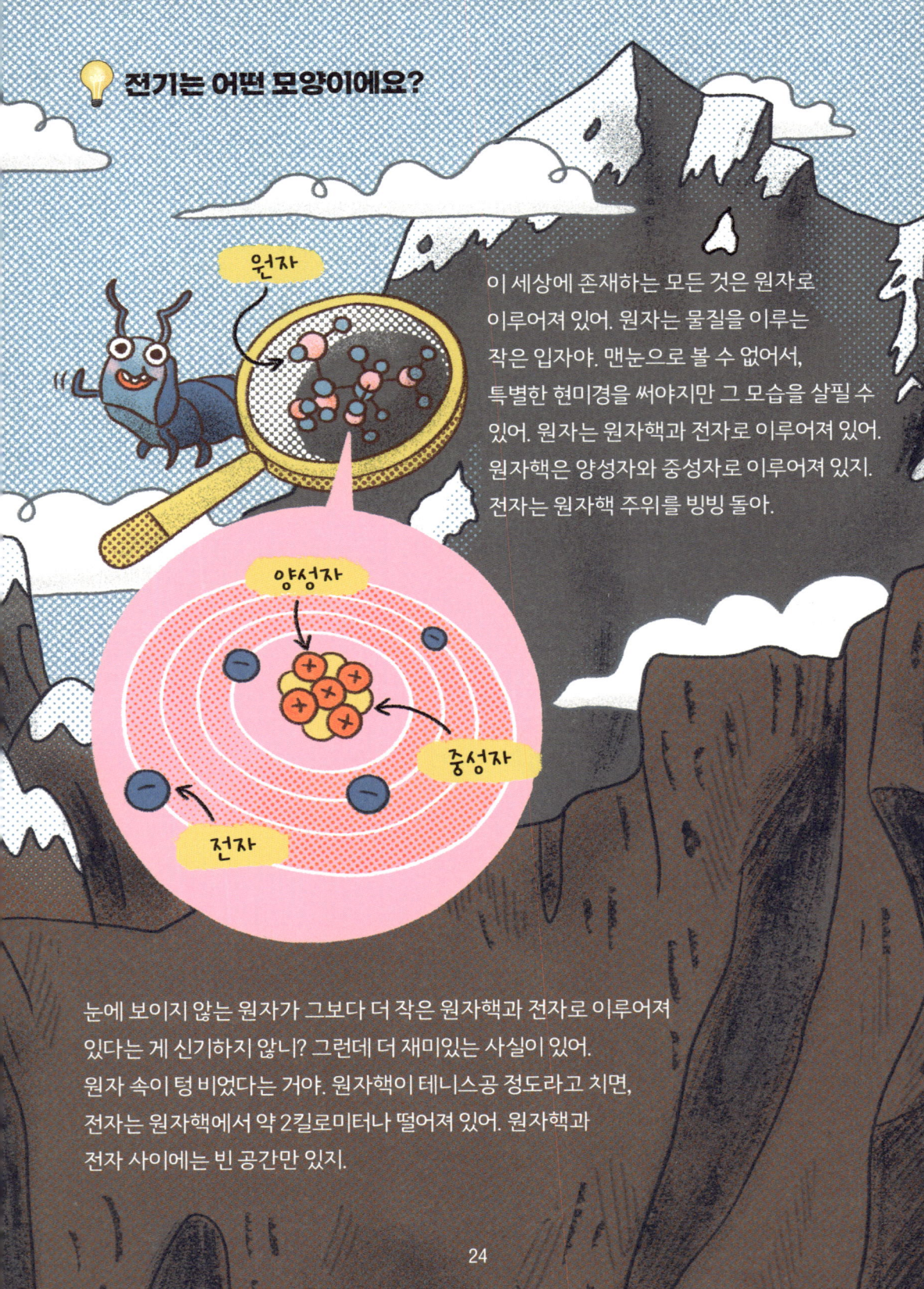

이 세상에 존재하는 모든 것은 원자로 이루어져 있어. 원자는 물질을 이루는 작은 입자야. 맨눈으로 볼 수 없어서, 특별한 현미경을 써야지만 그 모습을 살필 수 있어. 원자는 원자핵과 전자로 이루어져 있어. 원자핵은 양성자와 중성자로 이루어져 있지. 전자는 원자핵 주위를 빙빙 돌아.

눈에 보이지 않는 원자가 그보다 더 작은 원자핵과 전자로 이루어져 있다는 게 신기하지 않니? 그런데 더 재미있는 사실이 있어. 원자 속이 텅 비었다는 거야. 원자핵이 테니스공 정도라고 치면, 전자는 원자핵에서 약 2킬로미터나 떨어져 있어. 원자핵과 전자 사이에는 빈 공간만 있지.

만약 전자가 없다면 전기도 없을 거야. 전자는 도체를 타고 움직여. 도체는 전기나 열을 전달해. 전선 속을 들여다보면 얇은 구리 선을 볼 수 있는데, 구리 선이 바로 도체야. **전기는 전자가 도체를 따라 움직이면서 생겨**. 전자는 전압이 있어야 음극에서 양극으로 이동하는데, 이러한 움직임을 전류라고 해.

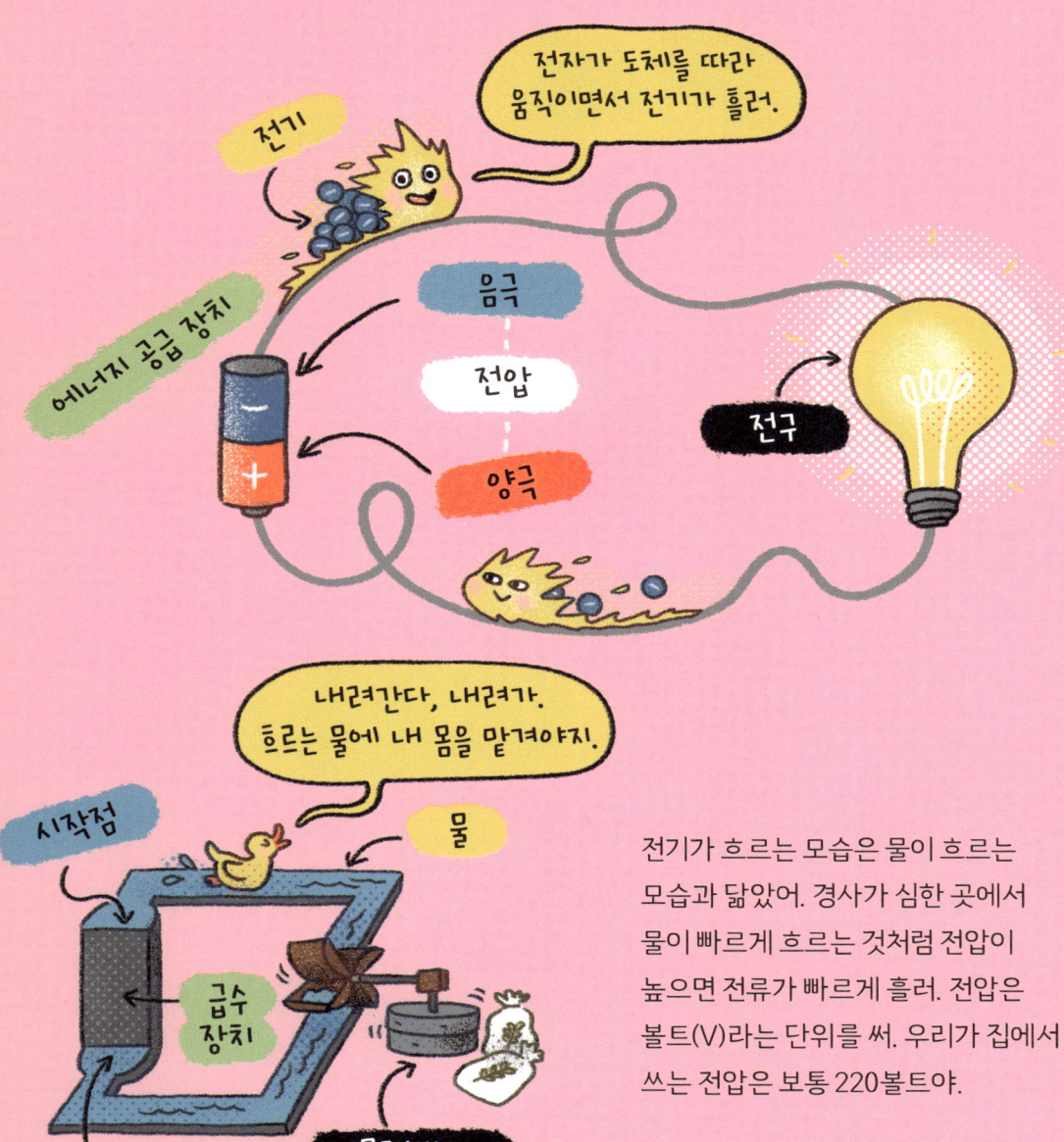

전기가 흐르는 모습은 물이 흐르는 모습과 닮았어. 경사가 심한 곳에서 물이 빠르게 흐르는 것처럼 전압이 높으면 전류가 빠르게 흘러. 전압은 볼트(V)라는 단위를 써. 우리가 집에서 쓰는 전압은 보통 220볼트야.

전기는 자연에도 존재해. 자연 속에서 만날 수 있는 대표적인 전기는 번개야.

번개는 비구름 속에 있던 물방울들이 서로 부딪치면서 일어난 전기 불꽃이야. 수많은 전자들이 한꺼번에 흐르는 현상이지. 이때 전자들이 땅으로 쏟아져 내리면서 벼락이 치기도 해.

전기뱀장어, 전기메기, 전기가오리는 전기를 스스로 만들어. 전기뱀장어는 자신을 위협하는 적을 만나거나 먹이를 잡아먹을 때 전기를 뿜어내.

우리 몸 안에서도 세포에서 세포로 항상 전기가 흘러. 전기 신호 형태로 된 정보가 신경계를 통해 전달돼. 뇌의 생각과 명령은 한 신경 세포에서 그다음 신경 세포로 흘러가.

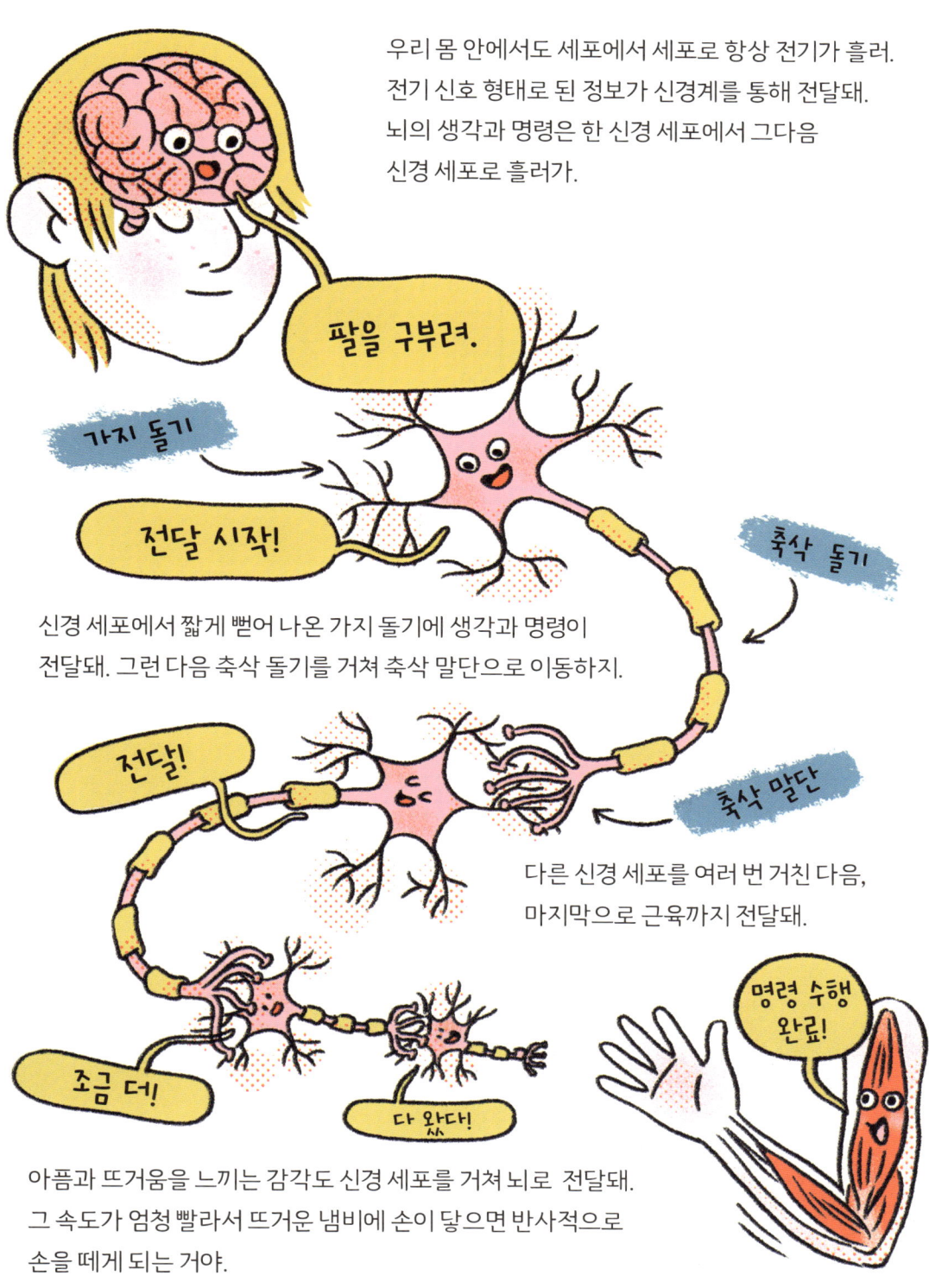

신경 세포에서 짧게 뻗어 나온 가지 돌기에 생각과 명령이 전달돼. 그런 다음 축삭 돌기를 거쳐 축삭 말단으로 이동하지.

다른 신경 세포를 여러 번 거친 다음, 마지막으로 근육까지 전달돼.

아픔과 뜨거움을 느끼는 감각도 신경 세포를 거쳐 뇌로 전달돼. 그 속도가 엄청 빨라서 뜨거운 냄비에 손이 닿으면 반사적으로 손을 떼게 되는 거야.

전기는 어떻게 만들어요?

전기를 쓰려면 발전소가 필요해.
발전은 전기를 일으킨다는 뜻이야. 발전을 하는 방식에는 여러 가지가 있지만, 그중 전 세계적으로 화력 발전을 많이 하고 있어.

보일러

굴뚝

집진기

연료

화력 발전을 하려면 태울 연료가 필요해. 주로 땅속에서 캐낸 석탄을 쓰는데, 석탄이 아주 많이 필요해. 화력 발전소에서는 석탄을 보일러에 넣어서 태우고, 이때 나온 열로 파이프 속을 흐르는 물을 증발시켜서 수증기를 만들어.

뜨거운 수증기가 터빈의 회전 날개를 돌려.

마지막으로 발전기가 터빈의 운동 에너지를 전기 에너지로 바꿔. 수력, 풍력, 원자력 발전소 모두 발전기로 전기를 생산해.

전기

수증기

터빈

물

발전기

냉각탑

복수기

석탄을 쓰는 화력 발전소가 많아. 석탄이 다른 연료보다 싸고 풍부하기 때문이야. 그런데 석탄을 태우면 해로운 기체가 나와서 집진기로 몇 차례 걸러 내고 내보내야 해. 그렇지 않으면, 대기를 오염시켜 심각한 기후 변화를 일으키고 말 거야.

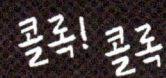

콜록! 콜록!

발전소에서 만들어진 전기는 집, 사무실, 공장 등으로 보내져.
전기가 필요한 곳이라면 어디든지 보내지지.

전기가 이동하려면 반드시 송전선이 필요해.
송전선은 전기가 달리는 고속 도로와 같아.

전기는 송전선을 타고 이동하면서 일부가 열로 변해. 열로 변한 만큼 전기가 사라지는 셈이지. 전기가 사라지는 걸 막기 위해서는 전압을 바꿔야 하는데, 이 일을 바로 변전소에서 해. 변전소는 전기의 전압을 바꾸어 내보내는 시설이야.

발전소에 딸린 송전용 변전소가 초고압이나 특고압으로 전기의 전압을 높여서 내보내. 배전용 변전소는 고압으로 전압을 낮추어 공장으로 바로 보내거나 도시나 마을 근처의 변압기로 보내지.

마을 근처의 변압기에 도착한 전기는 고압이야. 우리가 쓰기에는 전압이 너무 높아. 그래서 변압기가 저압으로 낮춰서 집으로 보내 줘. **우리가 집에서 쓰는 전기는 변압기를 통해 전압이 낮춰진 상태야.**

배전용 변압기

⚡저압
220~380볼트

누전 차단기는 전등이나 가전제품, 콘센트에 전선으로 연결되어 있어. 전선이 잘못 연결되거나 손상되면, 전기가 밖으로 새어 나올 수 있어. 이때 누전 차단기가 전기의 흐름을 막아서 감전의 위험이나 화재 사고를 예방해.

누전 차단기

계량기

배전함

주택이나 아파트 건물로 들어온 전기는 계량기를 거쳐 누전 차단기로 흘러들어 가. 계량기는 우리가 전기를 얼마만큼 쓰는지 기록하는 기계야.

우리는 전기를 얼마나 써요?

거리를 잴 때에는 미터(m)를, 무게를 잴 때에는 그램(g)을 단위로 써. 일정 시간 동안 사용된 전기 에너지의 양을 전력이라 부르는데, **전기의 양을 잴 때에는 와트(W)나 킬로와트(kW)를 쓰지.**

1킬로와트는 1와트의 1,000배야. 1와트를 1시간 동안 쓰면 1와트시(1Wh)로 나타내. 1킬로와트시는 1,000와트의 전기 에너지를 1시간 동안 쓴 양을 뜻하지.

충전이 거의 다 되었어! 5분만 더 밟아 줘.

1킬로와트시는 사이클 선수가 2시간 동안 아주 빨리 페달을 돌렸을 때에 만들 수 있는 양이야. 1킬로와트시로 세탁기를 한 번 돌릴 수 있어. 또 텔레비전을 10시간 동안 보거나 에너지 절약형 전구를 90시간 동안 켤 수 있지. 어떤 전자 제품을 어떻게 쓰느냐에 따라 수치는 달라져.

우리는 날이 어두워지면 전등을 켜. 빵을 굽고 싶을 땐 토스터를 쓰고, 먹다 남은 음식은 냉장고에 넣어서 보관해. 또 텔레비전을 보고 싶을 땐 리모컨 버튼을 누르고, 게임을 하고 싶을 땐 스마트폰을 켜지. **우리는 전기를 너무나 손쉽게 쓰면서도 전기를 쓴다는 사실을 깜빡 잊을 때가 많아.**

전기는 공짜가 아니야. **전기를 쓰면 돈이 들어.** 전기 요금은 전기를 어떻게 만드느냐에 따라 달라져. 또 나라마다 다르지. 어떤 나라는 세금을 많이 붙여서 전기 요금이 비싸. 2021년에 발표된 국제 에너지 기구의 조사에 따르면, 독일의 전기 요금이 가장 비싸. 독일에서는 1킬로와트시를 썼을 때, 약 470원을 내. 우리나라는 약 140원으로, 3분의 1 수준밖에 안 돼.

전기가 끊기면 무슨 일이 벌어질까? 냉장고가 작동하지 않아 음식이 금방 상할 테고, 스마트폰을 충전하지 못해 통화를 할 수 없을 거야. 또 요리를 할 수 없어서 과자나 빵으로 끼니를 때워야만 해. 전등을 켤 수 없으니 밤에는 할 수 있는 게 거의 없어.

국제 에너지 기구에 따르면, 2019년 한 해 동안 우리나라는 1인당 약 1,304킬로와트시의 가정용 전력을 사용했어. 다른 나라는 어떨까? 미국, 캐나다, 영국, 이탈리아의 가정은 우리나라보다 전기를 많이 써. 겨울이 길고 추운 나라에서는 난방에 많은 에너지를 쓰지.

때와 상황에 따라 전기 사용량은 달라져. 집이 넓을수록 그만큼 난방에 전기를 많이 쓸 테고, 폭염 경보가 이어지는 여름철에는 에어컨 때문에 전기를 많이 소비할 거야.

*독일 가정의 전기 사용 비중

에너지 없이 살 수도 있나요?

지금도 전기를 안 쓰고 사는 사람들이 10억 명쯤 있어.
대부분 전기가 들어오지 않는 외딴곳에 살아.

이곳 사람들은 마른풀이나 나뭇가지, 가축의 똥으로 불을 피워서
난방을 하고 요리를 해. 집 안에서 불을 피우느라 때때로 그을음을
들이마시기도 하지. 그 바람에 건강을 해쳐.

아이들은 해가 지기 전에 숙제를 마쳐야 해. 전등을 켤 수 없어서 책을 보고 글씨를 쓰는 게 어렵거든. 하지만 그것도 쉽지 않아. 보통은 집에서 멀리 떨어진 곳으로 등교하고, 부모님을 도와서 농사일과 집안일을 해야 해. 또 어린 동생들을 돌봐야 하지.

전기가 없으면 농사일도 쉽지 않아. 특히 비가 잘 오지 않는 지역에서는 농사짓기가 매우 힘들어. 농작물을 기르는 데 필요한 물을 직접 길어서 날라야 하거든.

생활에 필요한 최소한의 에너지를 얻지 못하는 상태를 에너지 빈곤이라고 불러. 에너지 빈곤은 단순히 에너지를 쓰지 못하는 것에서 끝나지 않아. 농사를 제대로 짓지 못해 소득도 먹을 것도 부족해지고, 건강이 나빠지는 문제로 이어져. 또 교육을 제대로 받을 기회도 누리지 못해.

우리가 늘 타고 다니는 지하철, 자동차, 자전거를 만들 때에도 에너지가 들어가. 스마트폰을 만드는 데에도 엄청난 에너지가 들어가지. 이렇듯 물건을 만들고 옮기고 사고파는 모든 과정에 에너지가 쓰여. 에너지를 쓰지 않고 만들 수 있는 건 아무것도 없어. 책과 옷, 빵과 우유도 마찬가지야.

오늘날 에너지 부족이 점점 심각해지고 있어. 인구가 늘면서 한 사람이 쓰는 에너지의 양도 함께 늘고 있기 때문이야. 가정집에 처음으로 전기가 공급된 때가 1919년인데, 이때에는 세계 인구가 10억 명이 채 되지 않았어. 그런데 지금은 약 79억 명으로 훌쩍 늘었지.

전 세계 사람들이 1년 동안 쓰는 에너지는 약 160,000,000,000,000,000와트시야.

'0'이 15개 붙으면 '페타'라는 단위를 써. 전 세계 사람들이 1년 동안 쓰는 에너지는 약 160페타와트시야.

도대체 어떤 사람들이 이렇게나 많이 에너지를 쓰는 걸까? 미국과 유럽처럼 부유한 나라에 사는 사람들이 에너지를 많이 써. 전 세계 에너지의 절반에 가까운 양을 쓰고 있지. 또 세계에서 가장 인구가 많은 중국에서도 4분의 1 정도의 에너지를 쓰고 있어.

내가 이렇게나 많이 에너지를 쓰는 줄 몰랐어.

에너지를 쓰려면 석탄이나 석유와 같은 자원이 필요해. 에너지 자원은 물건을 만들 때에도 쓰여. 예를 들어 석유는 페인트와 광택제를 비롯해서 껌, 양초, 등산용 재킷, 샴푸를 만들 때에도 필요해.

에너지 자원에는 어떤 것들이 있나요?

우리가 쓰는 에너지는 대부분 태양에서 왔어. 사람들이 실제로 사용하는 에너지는 대부분 땅에서 캐낸 거야. 현재 우리가 가장 많이 쓰는 에너지 자원은 석유야. 그다음으로 석탄과 천연가스를 많이 써. 또 원자력으로도 전기를 생산하지. 수력, 풍력, 태양광, 바이오 에너지 등 재생 가능한 자원으로도 발전을 하고 있어.

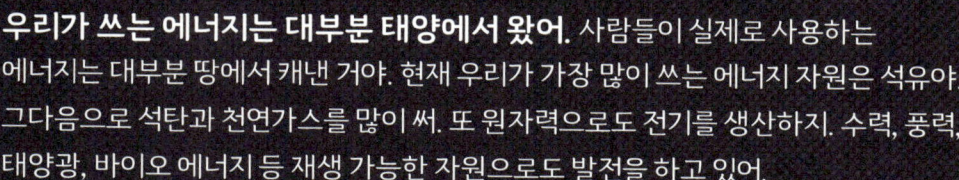

오늘날 땅속에서 석탄이 발견되는 곳은 먼 옛날에 밀림이었어. 수억 년 전, 밀림에는 키가 20미터에 이르는 식물들과 이끼가 자랐어. 이런 식물들이 죽어서 늪에 가라앉기도 했지. 지구의 땅껍질인 지각이 움직이면서 땅이 꺼지고, 새로운 식물들이 자라서 죽고 쌓였어. 시간이 흐르면서 위에서 누르는 힘이 점점 커지고, 아래로 내려갈수록 땅속 온도가 높아졌지.

죽은 식물들은 강한 압력과 높은 열을 받아 성질이 점점 변해 갔어. 그리고 마침내 석탄이 되었지. 석탄은 갈탄, 역청탄, 무연탄의 순으로 변하면서 탄소 함유량이 높아져.

죽은 식물이 10미터쯤 쌓이면 석탄층은 어느 정도 만들어질까? 고작 10센티미터밖에 만들어지지 않아. 죽은 식물이 갈탄으로 변하기까지 10만 년쯤 걸리고, 우리가 많이 쓰는 무연탄이 되기까지는 약 500만 년에서 1,000만 년이 걸려.

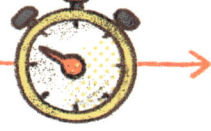

석탄을 캐러 가 볼까? 휴우!

다행히 석탄층은 수억 년이 흐르는 동안 여러 곳에서 생겨났어. 그래서 모든 대륙에서 석탄이 발견되지.

석탄은 불에 타면서 열과 빛 에너지를 내뿜어. 매우 편리한 에너지야. **전 세계 사람들이 쓰는 에너지의 약 3분의 1이 석탄에서 나와.**

또 다른 에너지 자원으로 석유와 천연가스가 있어.
석유와 천연가스는 바다에서 만들어진 자원이야. 수억 년 전, 바다에서 살았던 플랑크톤이 죽어서 바다 밑으로 가라앉았어. 그러다 모래와 진흙과 뒤섞인 채 썩은 진흙탕이 되고, 그 위로 플랑크톤 사체와 모래, 진흙이 쌓이기를 반복했지.

죽은 플랑크톤은 진흙층이 짓누르는 압력과 높은 열로 인해 성질이 변했어. 오랜 시간이 지나 석유와 천연가스가 생겨났지. 석유와 천연가스는 가벼워서 위로 서서히 올라가다가 통과할 수 없는 지층을 만나면 더 이상 올라가지 못하고 멈추고 말아. 결국 그 지층 아래에 석유와 천연가스가 모이게 되지.

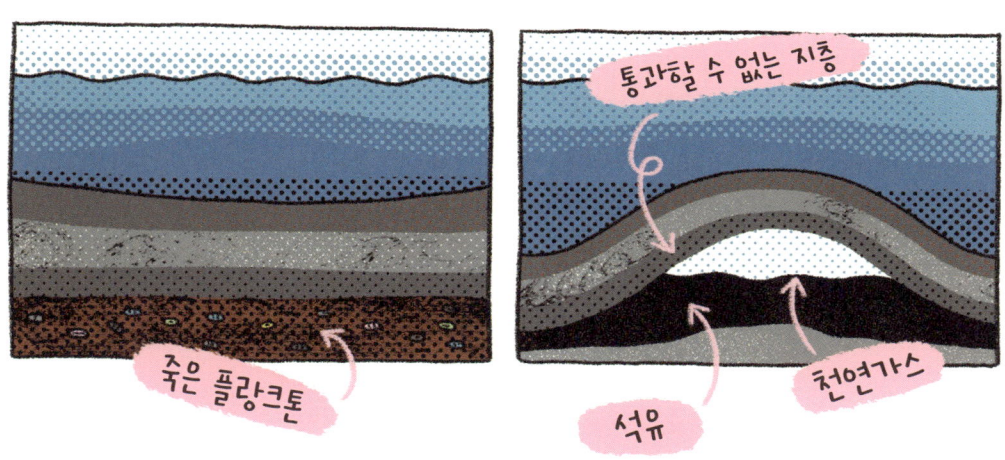

석탄과 석유, 천연가스는 모두 화석 연료야. 화석 연료를 태우면 많은 에너지를 얻을 수 있어. 만약 화석 연료가 없었다면, 지금처럼 편리하고 풍족한 생활을 누리지 못했을 거야. 그런데 화석 연료에는 아주 치명적인 문제가 있어. 최근 들어 그 문제가 우리를 점점 위협하고 있지.

오늘날 석유는 가장 중요한 에너지 자원이야.
석유를 쓰려면 단단한 땅속이나 바다 밑바닥에서 위로 끌어 올려야 해. 그러려면 석유를 캐낼 장비가 필요하지.

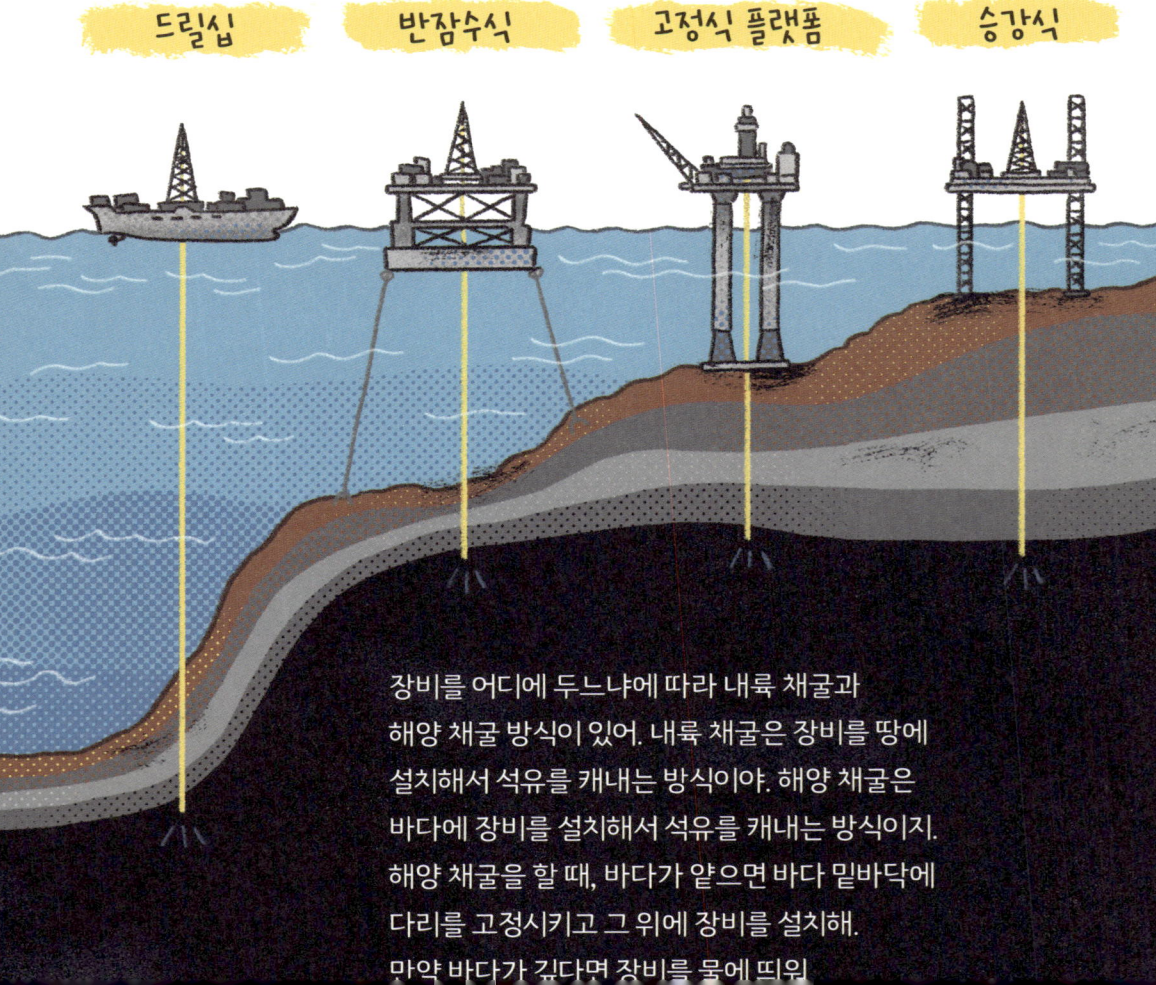

해양 채굴

드릴십 　 반잠수식 　 고정식 플랫폼 　 승강식

장비를 어디에 두느냐에 따라 내륙 채굴과 해양 채굴 방식이 있어. 내륙 채굴은 장비를 땅에 설치해서 석유를 캐내는 방식이야. 해양 채굴은 바다에 장비를 설치해서 석유를 캐내는 방식이지. 해양 채굴을 할 때, 바다가 얕으면 바다 밑바닥에 다리를 고정시키고 그 위에 장비를 설치해. 만약 바다가 깊다면 장비를 물에 띄워

캐낸 석유를 원유라고 하는데, 원유는 바로 쓸 수 없어. 유용하게
쓰려면 특수한 과정을 거쳐야 하지. 이 과정은 정유소에서 이루어져.
원유를 끓이면 원유 속에 들어 있는 성분들이 각기 다른 온도에서
기체로 변하고 분리돼. 이런 성분들을 따로 모아 식히면
휘발유, 경유, 등유가 되는 거야.

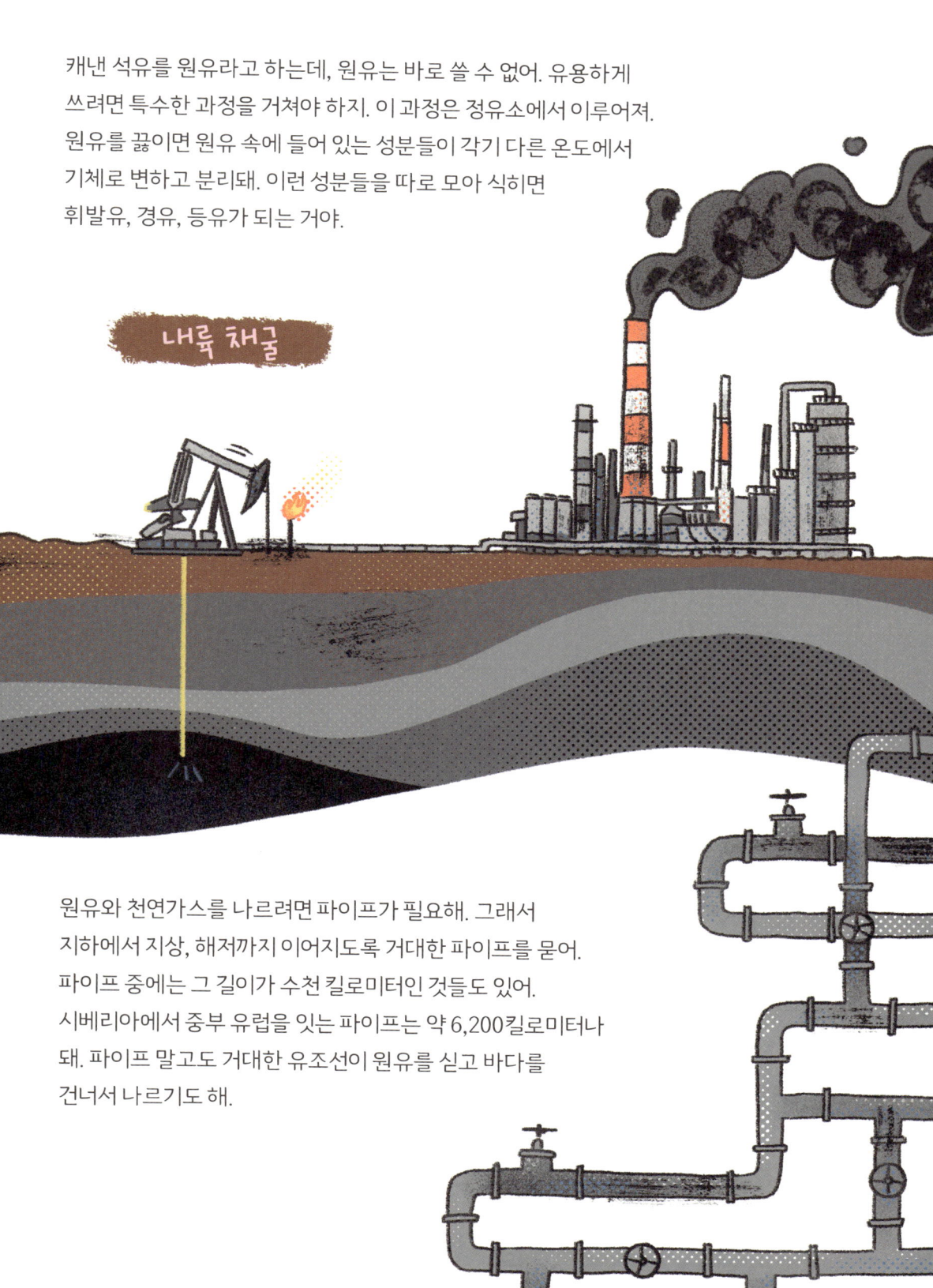

내륙 채굴

원유와 천연가스를 나르려면 파이프가 필요해. 그래서
지하에서 지상, 해저까지 이어지도록 거대한 파이프를 묻어.
파이프 중에는 그 길이가 수천 킬로미터인 것들도 있어.
시베리아에서 중부 유럽을 잇는 파이프는 약 6,200킬로미터나
돼. 파이프 말고도 거대한 유조선이 원유를 싣고 바다를
건너서 나르기도 해.

에너지 때문에 전쟁이 일어날 수 있나요?

석유와 천연가스는 우리 삶을 편리하게 해 주지만 분쟁의 씨앗이 되기도 해. **사람들은 석유와 천연가스를 많이 차지하기 위해 다투기도 하고, 심지어 무서운 전쟁까지 일으켜**. 자원이 육지에서 멀리 떨어진 바다에 있으면, 어느 나라의 것인지 판단하는 게 어렵거든.

가격을 두고도 다툼이 일어나. 자원을 팔려는 나라는 비싼 값을 바라지만, 반대로 사들여야 하는 나라는 싼값을 바라기 때문이야. 가격 협상이 제대로 이루어지지 않으면 종종 난감한 일들이 벌어져. 어떤 나라는 파이프라인의 밸브를 잠가 천연가스를 보내는 걸 거부하기도 했어.

자원이 풍부한 나라 안에서도 다툼이 많이 일어나. 자원을 팔아 벌어들인 이익을 공평하게 나누지 않기 때문이야. 몇몇 사람들만 돈을 벌어 부자가 되고, 나머지 사람들은 가난한 채로 살아.

석유를 나르는 과정에서 자주 사고가 나는 것도 문제야.
파이프나 배에서 석유가 새면, 바닷물과 근처 육지로 흘러들어 가.
물과 땅이 오염되어서 농작물이 자랄 수 없고, 바다 생물들도 목숨을
잃어. 결국 생태계가 파괴되고 먹을거리가 줄어들고 말 거야.

석유는 물보다 가벼워서 사고가 나면 순식간에 바다를
뒤덮어 버려. 뉴스에서 기름띠가 둥둥 떠다니는 장면을
본 적 있을 거야. 바닷새들이 잔잔해 보이는 기름띠에
앉기라도 하면, 기름이 깃털에 엉겨 붙어서 날아오르지
못해. 결국 유독한 기름을 삼킨 채 처참히 죽고 말아.

한번은 석유를 채굴하는 해양 장비가 폭발했는데,
엄청난 양의 원유가 바다를 오염시키고 말았어.
해양 생물은 물론이고, 여러 사람들의 목숨까지 앗아 갔지.

기후 변화랑 에너지가 무슨 상관이에요?

필요한 곳에 석유를 쓰면 생활이 편리해져. 등유와 천연가스는 집을 따뜻하게 데우는 연료가 되고, 휘발유와 경유는 자동차 연료로 쓰여. 그래서 먼 곳까지 손쉽게 물건을 나르고 자유롭게 돌아다닐 수 있어. 남극과 북극으로도 얼마든지 갈 수 있지. 만약 석유를 쓸 수 없다면, 추운 겨울을 버티기 힘들 테고 물건도 편리하게 구할 수 없을 거야.

오늘날 사람들은 석탄과 석유, 천연가스를 지나치게 많이 쓰고 있어. 그래서 여러 문제들이 벌어지고 있지. **가장 심각한 문제는 지구의 기후가 변하고 있다는 거야.**

대기

자연적인 온실 효과

온실가스

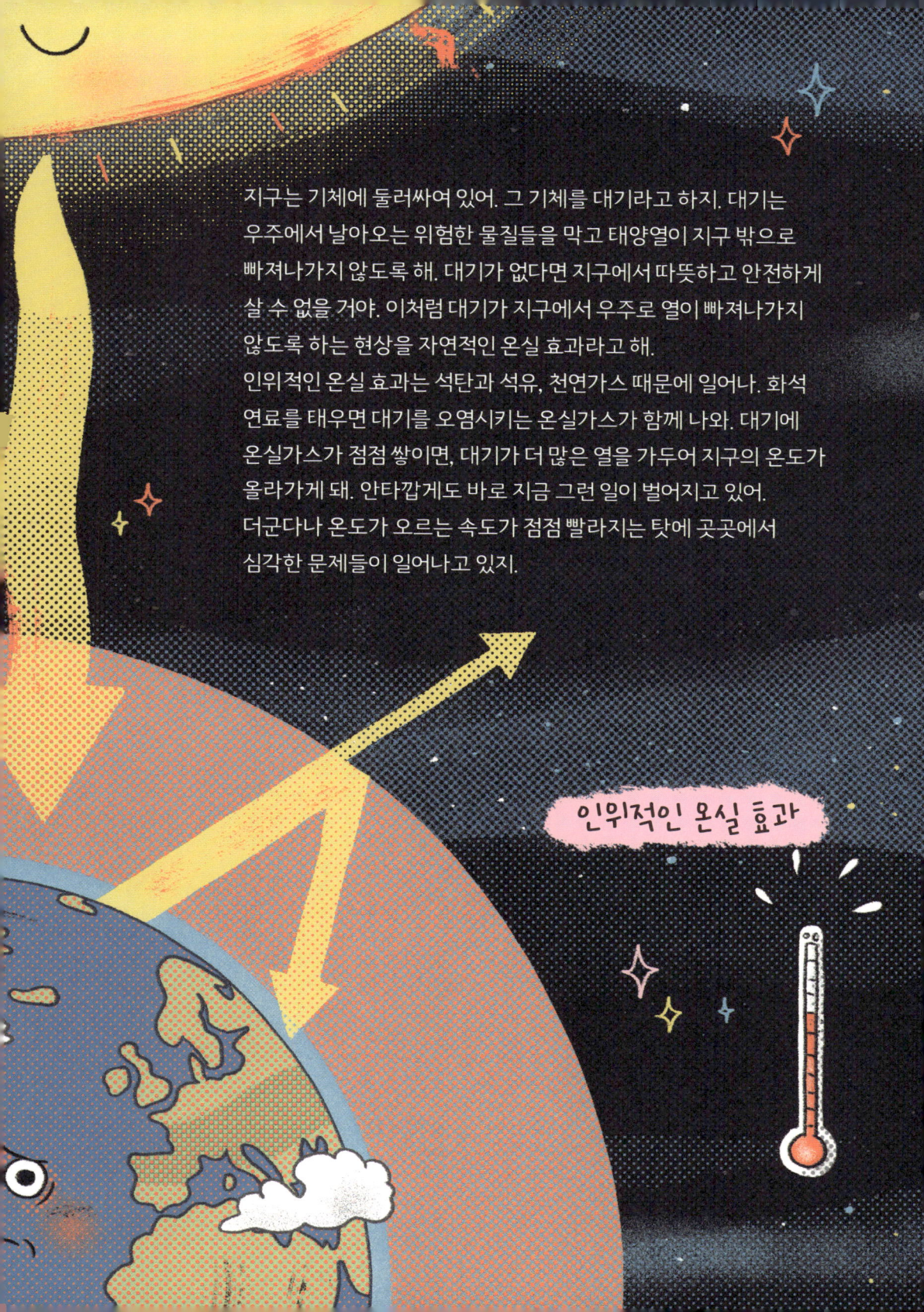

지구는 기체에 둘러싸여 있어. 그 기체를 대기라고 하지. 대기는 우주에서 날아오는 위험한 물질들을 막고 태양열이 지구 밖으로 빠져나가지 않도록 해. 대기가 없다면 지구에서 따뜻하고 안전하게 살 수 없을 거야. 이처럼 대기가 지구에서 우주로 열이 빠져나가지 않도록 하는 현상을 자연적인 온실 효과라고 해.

인위적인 온실 효과는 석탄과 석유, 천연가스 때문에 일어나. 화석 연료를 태우면 대기를 오염시키는 온실가스가 함께 나와. 대기에 온실가스가 점점 쌓이면, 대기가 더 많은 열을 가두어 지구의 온도가 올라가게 돼. 안타깝게도 바로 지금 그런 일이 벌어지고 있어. 더군다나 온도가 오르는 속도가 점점 빨라지는 탓에 곳곳에서 심각한 문제들이 일어나고 있지.

인위적인 온실 효과

지구의 기후가 변하면서 예전보다 가뭄이 더 길게 이어지고 홍수도 자주 일어나고 있어. 과학자들은 하나같이 앞으로 이런 일들이 더 자주 생길 거라고 말해. 정말로 그렇게 되면 무슨 일이 벌어질까?

가뭄이 길게 이어지면 농작물이 말라 죽고, 반대로 비가 너무 많이 내리면 논밭이 물에 잠겨 농사를 망치게 돼. 가뭄이든 홍수든 자주 일어나면, 농작물을 제대로 거두어들이지 못해서 결국 우리가 먹을 식량이 부족해질 거야.

또 여기저기에서 빙하가 녹고 있어. 빙하가 녹으면 홍수가 자주 일어나. 실제로 히말라야에서 산악 빙하가 떨어져 산사태와 홍수가 한꺼번에 일어났어. 이로 인해 수천 명의 사람들이 다치고 목숨을 잃고 말았지.

남극과 북극에 있는 빙하들도 빠르게 녹고 있어. 빙하가 녹은 물이 계속 바다로 흘러들어 가면, 바닷물이 늘어나 해수면이 높아져. 그러면 바닷가 주변에 위치한 집들이 바다에 잠기고 말 거야. 해수면보다 낮은 곳에 자리한 도시들은 이미 거대한 벽을 세워 집과 도시를 보호하고 있어.

그런데 마땅한 기술이나 돈이 없는 나라들은 어떨까? 가난한 나라는 대체로 홍수를 막을 벽을 세우거나 가뭄에 대비할 저수지나 물탱크를 만들 여력이 없어. 그래서 기후 변화로 인한 고통과 피해들을 고스란히 입고 있지.

기후 변화와 환경 파괴로 인해 고향을 떠나는 사람들이 점점 많아지고 있어. 2050년쯤에는 약 10억 명의 사람들이 난민이 되어 떠돌아다닐지 몰라.

누가 기후 변화와 환경파괴, 난민 문제를 책임져야 할까? 부유한 나라에 사는 사람들이 가장 큰 책임을 져야 해. 화석 연료를 가장 많이 쓰는 사람들이 바로 그들이니까.

부유한 나라에 사는 사람들은 엄청나게 많은 에너지를 써. 수백만 년에 걸쳐 만들어진 화석 연료를 빠르게 태우고 있지. 예컨대 싱가포르 국민 한 사람이 쓰는 석유의 양은 우간다 국민 한 사람이 쓰는 양보다 훨씬 많아.

※ 출처: 영국 BP(글로벌 에너지 기업)의 '세계 에너지 통계 리뷰 2020'

전 세계 사람들이 하루에 쓰는 석유의 양은 약 1억 배럴이야. 배럴은 '통'이라는 뜻이고, 1배럴은 약 159리터야. 왜 리터가 아닌 이상한 단위를 쓰는 걸까? 배럴은 원래 청어를 담는 나무통이었어. 18세기에는 석유통이 따로 없어서 석유를 넣을 통을 찾다가 청어를 담던 통을 썼다고 해. 그 통에 들어가는 석유의 양이 딱 159리터였고, 그때부터 배럴이라는 단위를 쓰게 된 거지.

1970년대의 사람들은 2000년이 오면 석유가 바닥날 거라 예측했어. 그런데 지금도 우리는 여전히 석유를 가장 많이 쓰고 있어. 어떻게 된 일일까?

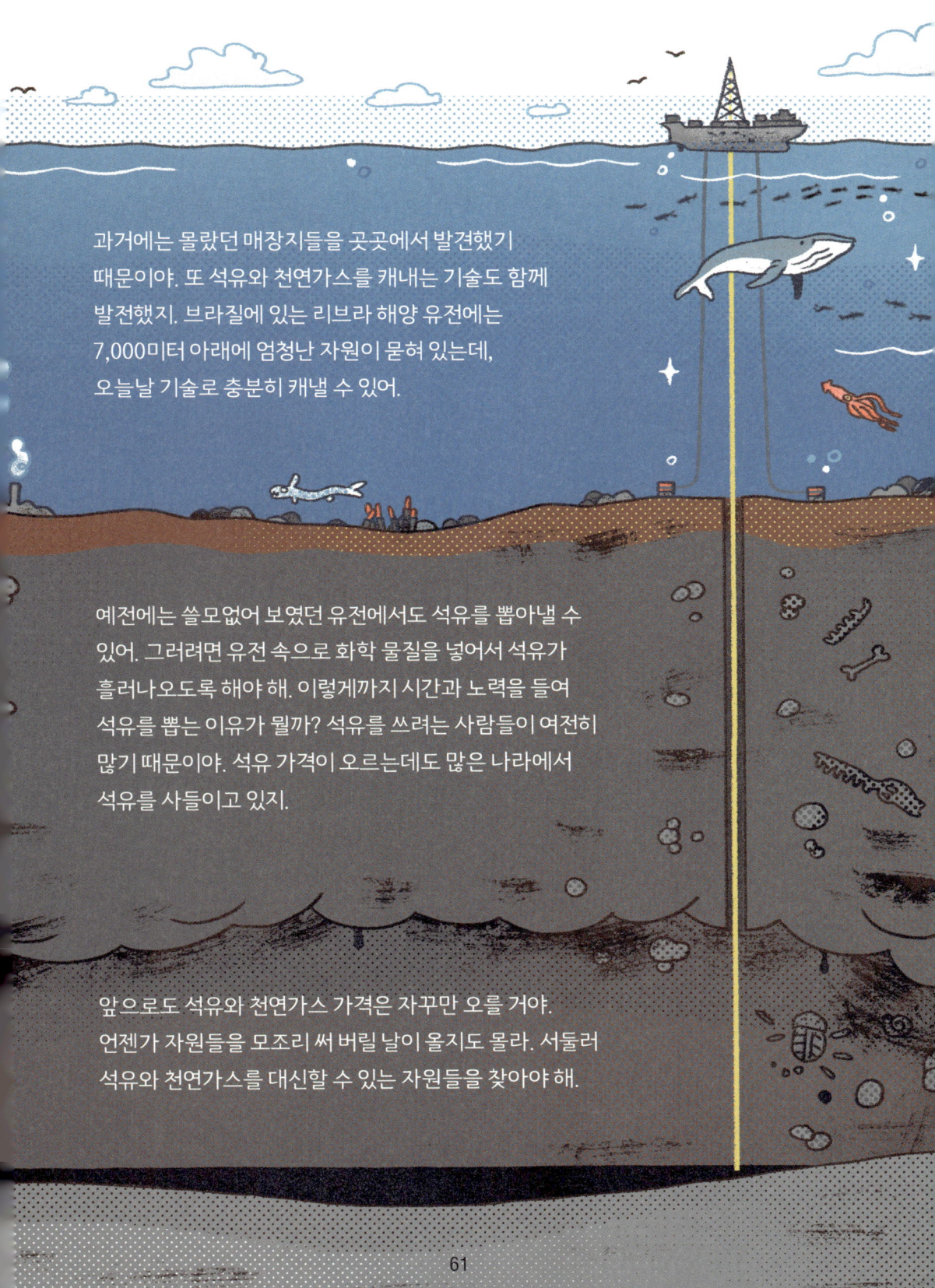

과거에는 몰랐던 매장지들을 곳곳에서 발견했기 때문이야. 또 석유와 천연가스를 캐내는 기술도 함께 발전했지. 브라질에 있는 리브라 해양 유전에는 7,000미터 아래에 엄청난 자원이 묻혀 있는데, 오늘날 기술로 충분히 캐낼 수 있어.

예전에는 쓸모없어 보였던 유전에서도 석유를 뽑아낼 수 있어. 그러려면 유전 속으로 화학 물질을 넣어서 석유가 흘러나오도록 해야 해. 이렇게까지 시간과 노력을 들여 석유를 뽑는 이유가 뭘까? 석유를 쓰려는 사람들이 여전히 많기 때문이야. 석유 가격이 오르는데도 많은 나라에서 석유를 사들이고 있지.

앞으로도 석유와 천연가스 가격은 자꾸만 오를 거야. 언젠가 자원들을 모조리 써 버릴 날이 올지도 몰라. 서둘러 석유와 천연가스를 대신할 수 있는 자원들을 찾아야 해.

원자력 발전이 뭐예요?

오늘날에는 원자력 발전으로도 전기를 생산해. **원자력 발전은 원자핵이 가진 에너지로 전기를 일으키는 방식이야.** 1938년에 과학자들은 중성자로 우라늄의 원자핵을 분열시키는 실험에 성공했어. 그리고 핵분열 과정에서 엄청난 에너지가 나온다는 걸 발견했지.

원자력 발전소에서는 원자핵을 쪼개서 나오는 열로 물을 끓여 수증기를 만들어. 수증기로 터빈을 돌리고, 발전기가 터빈의 운동 에너지를 전기 에너지로 바꾸는 거야. 원자력 발전으로 전기를 만들면 온실가스가 비교적 적게 나와. 원자력 발전소에서 생산한 전기는 가격이 낮은 편이기도 해.

하지만 치명적인 단점이 있어. 핵분열 과정에서 위험한 방사선이 나와. 이 때문에 원자력 발전소에서 일하는 사람들은 엄격하게 안전 지침을 지켜야 해. 발전 과정에서 나오는 폐기물이 아주 오랫동안 강한 독성을 갖고 있어서 처리하는 것도 쉽지 않지. 그래서 원자력 발전을 두고 의견이 분분해.

현재 전 세계에는 400개가 넘는 원자력 발전소가 있어. 대부분 별 탈 없이 전기를 공급하고 있지. 하지만 작은 사고라도 나는 날에는 파괴적인 결과를 가져와. 방사선에 쏘이면 암 같은 질병에 걸릴 수 있어. 아주 강한 방사선에 노출되면, 단 몇 분 안에 목숨을 잃을 수도 있지.

실제로 원자력 발전소에서 심각한 사고가 일어났어.
1986년에 우크라이나의 체르노빌 원자력 발전소에서 엄청난 양의 방사성 물질이 밖으로 새는 사고가 일어났어. 발전소에서 가장 가까운 곳에 프리피야트라는 도시가 있었는데, 주민들은 이 사고로 인해 도시를 떠나야만 했어. 놀이공원의 대관람차가 멈추고, 건물이 텅텅 비었어. 지금도 프리피야트에는 아무도 살지 않아. 식물만 무성할 뿐이야.

방사성 물질이 방사선을 밖으로 뿜어내는 것을 방사능이라고 하는데, 방사능은 아주아주 천천히 줄어들어. 방사능이 반으로 줄어드는 시간을 반감기라고 해. 반감기는 물질에 따라 달라. 체르노빌 사고 때 새어 나간 플루토늄은 독성이 아주 강해. 그중에서도 플루토늄 239의 반감기는 24,000년이 넘어. 24,000년이 지나면 반이 줄어들고, 다시 24,000년이 지나야 또 그 반이 줄어든다는 이야기야.

2011년에는 일본의 후쿠시마에서 사고가 일어났어. 당시 일본에 아주 강한 지진이 일어났고, 지진 해일인 '쓰나미'가 육지로 들이닥쳤어. 쓰나미의 높이는 13미터가 넘었어. 발전소를 보호하는 벽은 5.7미터밖에 되지 않았지. 발전소가 침수되어 전원이 꺼졌고, 내부 온도가 급격히 상승하면서 발전소가 차례로 폭발했어.
이 사고로 방사능이 공기와 바다로 유출되어 주변 환경이 오염되었어. 유출된 방사능의 양은 체르노빌 사고 때보다 훨씬 적었지만, 수많은 사람들이 고향을 떠나야만 했지. 피해를 수습하려면 앞으로 몇 십 년은 더 걸릴 거야. 이 사고로 인해 많은 나라들이 원자력 발전을 더 이상 하지 않겠다고 선언하기도 했어.

재생 에너지가 뭐예요?

화석 연료와 원자력을 대신할 수 있는 게 없을까? **물과 바람과 태양을 이용해서 전기를 만들 수 있어.** 이런 에너지를 재생 에너지라고 해. 온실가스나 방사성 물질을 뿜어내지 않기 때문에 환경과 인간에게 해롭지 않아. 무엇보다 자연 속에 항상 있기 때문에 계속해서 쓸 수 있지.

예전에는 재생 에너지를 적게 썼어. 화석 연료를 태워 전기를 만드는 게 쉽고 편했거든. 그런데 화석 연료와 원자력 발전이 환경을 오염시키고 인간의 목숨을 위협한다는 걸 깨달으면서 재생 에너지를 써야 한다는 목소리가 커졌어. 2010년에는 재생 에너지가 전 세계 전기 생산량의 5분의 1을 겨우 채웠지만, 2020년에는 3분의 1 가까이 늘어났어.

많은 나라에서 법률과 정책을 세워 재생 에너지 생산을 지원해. 하지만 재생 에너지라고 해서 완벽하게 깨끗한 건 아니야. 또 모든 사람에게 똑같이 이득을 주는 것도 아니지. 풍력 발전소 주변에 사는 사람들은 발전기가 돌아가는 소음 때문에 불편함을 호소하기도 해.

수력 발전은 물의 힘으로 발전기를 돌려. 오늘날 재생 에너지의 가장 큰 부분을 차지하고 있지.

수력 발전 중에서도 수로식 발전은 강물이 터빈을 돌리는 힘을 이용해. 터빈이 돌면 발전기가 강물의 운동 에너지를 전기 에너지로 바꿔. 변압기는 우리가 쓰기에 알맞도록 전압을 바꿔 주지. 수로식 발전은 강물이 메마르지 않는 한 계속해서 전기를 만들 수 있어. 하지만 강물이 흐르는 속도와 양에 한계가 있어서 발전량을 갑자기 늘릴 수는 없어. 그래서 보통 때 필요한 전기를 공급하는 데에 알맞아.

갑자기 전기가 많이 필요해질 때에는 댐식 발전이 유용해. 댐식 발전은 댐을 이용해서 전기를 생산하는 방식이야. 평소에는 댐 안에 물을 모아 두었다가 전기가 필요하면 물을 흘려 보내서 터빈을 돌려 발전을 해. 댐식 발전은 많은 양의 전기를 만들어 낼 수 있지만, 식물과 동물이 사는 터전을 파괴해. 마을이나 도시가 저수지가 되어 잠길 수도 있어.

수력 발전소는 아무 곳에나 지을 수 없어. 평평한 곳에서는 물의 위치 에너지를 이용할 수 없거든.

풍력 발전은 바람으로 회전 날개를 돌려서 전기를 일으켜. 회전 날개가 돌아가면 발전기가 운동 에너지를 전기 에너지로 바꿔. 회전 날개 하나의 무게는 코끼리 여섯 마리를 합친 것만큼이나 무거워.

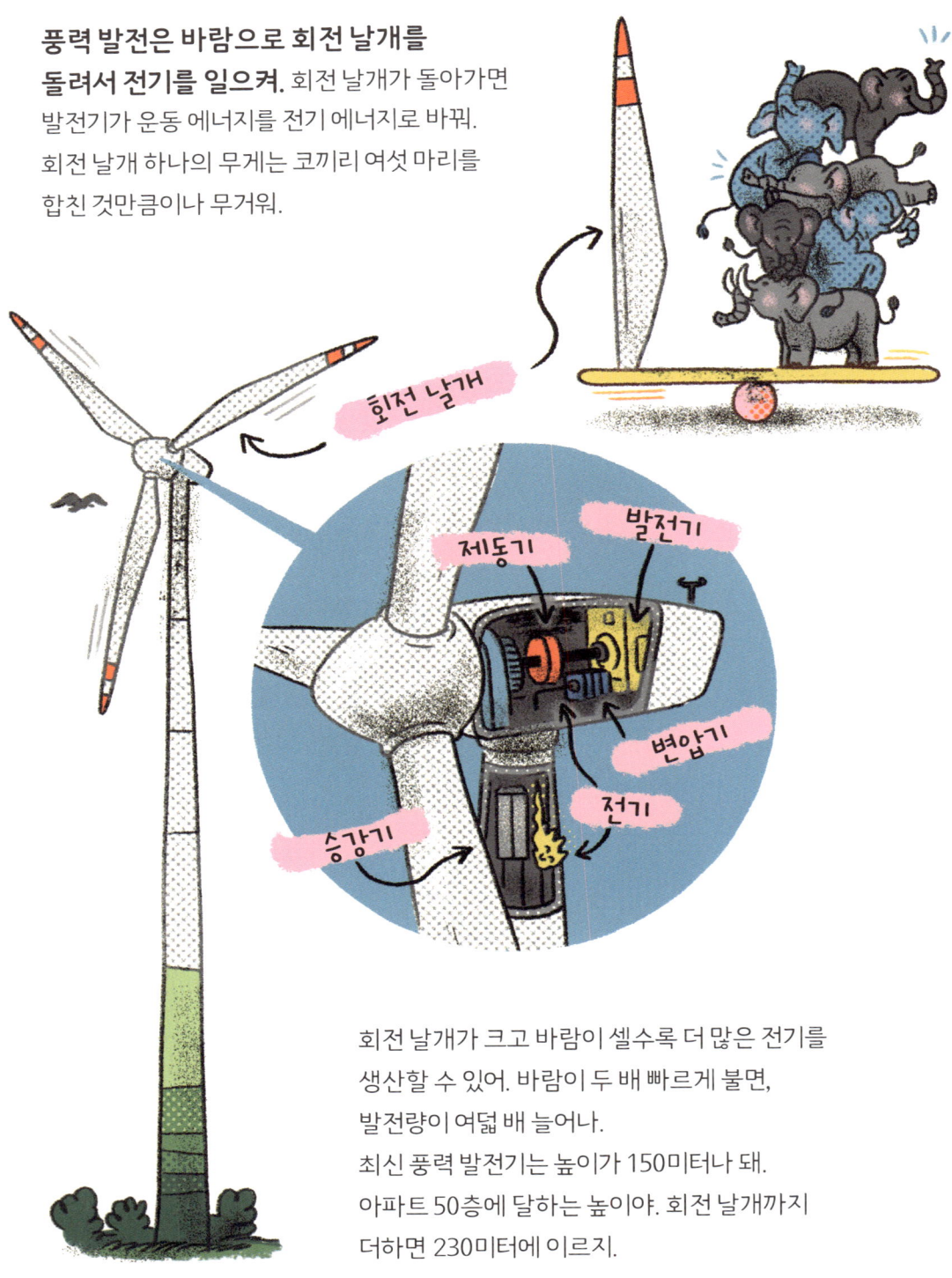

회전 날개가 크고 바람이 셀수록 더 많은 전기를 생산할 수 있어. 바람이 두 배 빠르게 불면, 발전량이 여덟 배 늘어나.
최신 풍력 발전기는 높이가 150미터나 돼. 아파트 50층에 달하는 높이야. 회전 날개까지 더하면 230미터에 이르지.

풍력 발전기는 아무 곳에나 세울 수 없어. 바람이 약한 곳은 더더욱 안 돼. 또 발전기를 세우기에 알맞은 곳이라 해도 주민들이 반대할 수도 있어. 풍력 발전기가 주변 풍경을 망칠 뿐 아니라 시끄러운 소리를 낸다고 싫어해.

바다에 발전기를 세울 수도 있어. 그러려면 바다 밑바닥에 지지대를 세워 발전기를 고정해야 하는데, 깊이가 50미터가 넘으면 세우는 게 무척 어려워. 이럴 경우에는 지지대를 밑바닥에 고정하는 대신 바다에 띄우기도 해.

풍력 발전기가 고장이라도 나면, 기술자들이 몇 시간이나 배를 타고 나가 고쳐야 해.

태양 에너지는 다른 재생 에너지보다 앞으로 더 많이 이용될 거야.

햇빛

태양 전지

태양광 발전은 햇빛을 이용해서 전기를 만들어. 태양광 발전을 하려면 태양의 빛 에너지를 전기 에너지로 바꾸는 태양 전지가 필요해.

부유한 나라에는 지붕에 태양광 발전 시설을 갖춘 집이 많아. 또 태양의 빛 에너지를 대량으로 모아 전기로 바꾸는 태양광 발전 단지도 있어.

다른 발전이 그렇듯 태양광 발전에도 단점이 있어. 햇빛이 약한 북쪽 나라들은 태양광 발전을 하기 힘들어. 또 태양 전지가 만들어 낸 전기를 저장하는 것도 결코 쉽지 않지.

가난한 나라들 중에는 햇빛이 풍부한 곳들이 많아. 그런 곳에 태양광 발전소를 세우면 전기를 충분히 만들어 쓸 수 있어. 마을마다 발전소를 세워 둔다면 많은 사람들이 저렴하게 전기를 쓸 수 있을 거야.

태양 에너지를 다른 방식으로 이용할 수도 있어. 태양열 발전은 태양에서 오는 열 에너지를 이용하는 방식이야. 집열기로 태양열을 모은 뒤, 그 열로 물을 끓여 온수로 쓰거나 난방을 해.

예전에는 대규모 발전소에서 전기를 대량으로 만들어서 전력망을 통해 가정과 회사, 공장으로 전기를 공급했어. 오늘날에는 규모가 작은 발전 시설이나 중간 크기의 발전소들이 점점 많이 생기고 있어.

전력망 곳곳에는 늘 일이 생겨. 고장이 난 곳은 고치고, 새로 송전탑을 세워 전선을 연결하기도 하지. 전력망은 안정적으로 관리해야 해. 그러지 않으면 큰 에너지 손실이 생기거든.

유럽의 전력망은 여러 나라에 걸쳐 있어서 전력망을 관리하는 게 까다로워. 그래서 예상하지 못한 사고가 생기면 이를 해결하는 데에 꽤 많은 시간이 걸리곤 해. 2006년에 독일의 한 지역에서 고압 전선 두 줄이 끊기는 사고가 일어났어. 당시 사고가 난 곳뿐만 아니라 프랑스, 벨기에, 오스트리아, 이탈리아, 스페인까지 전기가 끊기고 말았지.

지금도 한 지역에서 일어난 사고가 수천 킬로미터 떨어진 곳까지 피해를 주는 일들이 종종 생기고 있어.

재생 에너지는 발전량이 늘 다르기 때문에 관리하는 것이 무척 어려워. 햇빛이 강하고 바람이 세게 불 때에는 발전량이 많지만, 햇빛이 약하고 바람이 불지 않을 때에는 그 양이 적어.

어떤 사람들은 재생 에너지 때문에 전기가 자주 끊길 거라고 말해. 재생 에너지를 쓴다고 해서 정전이 자주 일어날 거라고 딱 잘라 말하기 어려워. 언젠가 지능형 전력망을 개발해서 전력망을 보다 똑똑하게 관리해야 할 거야.

화석 연료를 쓰지 않을 방법이 또 있나요?

집에서 에너지를 가장 많이 쓰는 것은 난방 장치야. 보통 화석 연료인 천연가스를 써. 하지만 다른 방법도 있어.

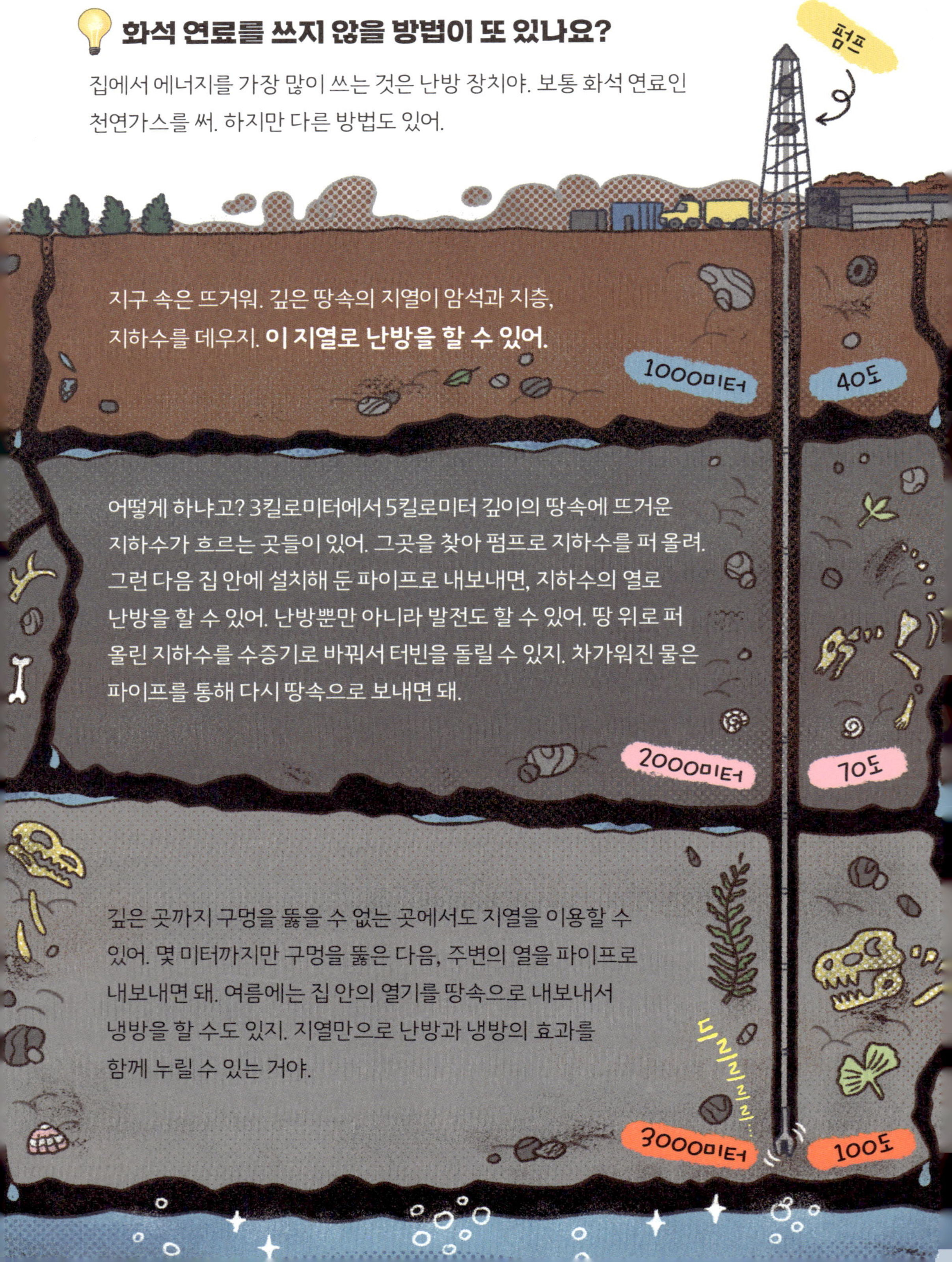

펌프

지구 속은 뜨거워. 깊은 땅속의 지열이 암석과 지층, 지하수를 데우지. **이 지열로 난방을 할 수 있어.**

1000미터 40도

어떻게 하냐고? 3킬로미터에서 5킬로미터 깊이의 땅속에 뜨거운 지하수가 흐르는 곳들이 있어. 그곳을 찾아 펌프로 지하수를 퍼 올려. 그런 다음 집 안에 설치해 둔 파이프로 내보내면, 지하수의 열로 난방을 할 수 있어. 난방뿐만 아니라 발전도 할 수 있어. 땅 위로 퍼 올린 지하수를 수증기로 바꿔서 터빈을 돌릴 수 있지. 차가워진 물은 파이프를 통해 다시 땅속으로 보내면 돼.

2000미터 70도

깊은 곳까지 구멍을 뚫을 수 없는 곳에서도 지열을 이용할 수 있어. 몇 미터까지만 구멍을 뚫은 다음, 주변의 열을 파이프로 내보내면 돼. 여름에는 집 안의 열기를 땅속으로 내보내서 냉방을 할 수도 있지. 지열만으로 난방과 냉방의 효과를 함께 누릴 수 있는 거야.

3000미터 100도

발전소에서 쓰고 버리는 폐열로도 지역난방을 할 수 있어. 지역난방은 열 병합 발전소에서 한 지역 안에 있는 건물로 온수와 증기를 보내는 방식이야. 발전소의 터빈을 돌리고 남은 열 에너지를 한데 모아서 난방을 하는 식이지. 열 병합 발전소에서는 화석 연료나 바이오매스를 태워. 바이오매스는 음식물 쓰레기나 가축의 분뇨, 버려지는 나무 등인데, 오늘날 친환경 에너지 자원으로 관심을 끌고 있지. 열 병합 발전소에서 멀리 떨어진 곳에서는 책장 크기 정도의 열 병합 발전기를 두어 발전도 하고 난방을 하기도 해.

이동을 할 때에도 에너지가 필요해. 자전거를 탈 때에는 몸의 에너지를 쓰고, 자동차를 타고 이동할 때에는 연료를 써. 자동차들은 대부분 휘발유나 경유로 움직여. 편리하지만 오염 물질과 온실가스가 나와서 환경을 파괴해.

자동차보다는 자전거나 대중교통을 자주 이용해야 해. 그러려면 자전거가 다닐 수 있는 길을 늘리고, 대중교통을 더 싸고 편리하게 이용할 수 있는 환경을 만들어야 하지.

독일에는 운전자 없이 자동으로 움직이는 지하철도 있어. 컴퓨터 시스템으로 연결되어 있어서 자동으로 출발하고 멈추고, 지하철 문도 자동으로 여닫혀.

오늘날 전기 차를 타는 사람들이 점점 늘고 있어. **전기 차는 휘발유나 경유 대신 배터리로 움직여.** 스마트폰을 충전하듯 전기 차 충전소에서 충전하면 돼. 전기 차는 환경을 오염시키지 않을까? 배터리 충전에 쓰이는 전기가 어떻게 만들어졌는지에 따라 대답이 달라져. 만약 화석 연료를 태워 만들어진 전기로 차를 충전했다면, 결코 친환경적이라고 말할 수 없을 거야.

전기 차는 배터리를 한 번 충전해서 달릴 수 있는 거리가 짧은 편이야. 다행히 거리가 점점 늘어나고 있어. 하지만 배터리를 충전하는 데 시간이 오래 걸린다는 단점이 있어. 휘발유나 경유 차는 단 몇 분이면 연료를 채울 수 있지만, 전기 차는 배터리를 충전하려면 보통 1시간이 넘게 걸려.

배터리를 만들 때 꼭 필요한 재료는 리튬이야. 리튬은 가벼우면서 많은 에너지를 저장할 수 있어. 또 계속 충전해서 쓸 수 있기 때문에 친환경적이야. 그런데 리튬을 캐려면 환경이 파괴돼. 노동자들이 열악한 환경 속에서 일하고 있다는 점도 문제야. 어린이들까지 맨손으로 리튬을 캐고 있다는 게 여간 심각한 일이 아니지.

왜 수소 에너지가 주목받나요?

수소는 자연에 존재하는 가장 가벼운 원소야. 뛰어난 친환경 에너지여서 많은 전문가가 큰 기대를 걸고 있어.

수소를 태우면 오염 물질이 전혀 생기지 않아. 물만 아주 조금 나올 뿐이야.

수소 에너지의 원료가 되는 것이 물인데, 물은 아주 풍부해. 또 수소를 태워도 환경을 전혀 오염시키지 않아. 수소로 버스와 화물 트럭, 배를 움직일 수 있어. 몇 단계의 공정을 거치면 비행기나 로켓 연료로도 쓸 수 있지. 수소가 친환경 에너지로 주목받는 이유야.

하지만 수소를 얻는 데에는 어려움이 있어. 수소는 화석 연료처럼 땅속에서 캐내는 게 아니야. 천연가스나 물에서 수소를 따로 분리해야 해.

수소를 분리하는 방법은 여러 가지가 있어. 지금까지는 주로 천연가스를 높은 온도의 수증기와 반응시켜 분리해 왔어. 비용이 저렴하지만, 천연가스를 쓰면서 온실가스가 생겨. 이렇게 만들어진 수소를 **회색 수소**라고 불러.

환경을 파괴하지 않고 만들어진 수소는 **녹색 수소**야. 재생 에너지로 만든 전기로 물을 분해해서 얻은 수소지. 물은 수소 원자 2개와 산소 원자 1개로 이루어져 있는데, 물에 전기를 흐르게 하면 따로따로 떨어져 나와. 여기에서 수소만 모아 에너지 자원으로 쓰는 거야. 산소는 환경을 오염시키지 않기 때문에 공기 중으로 내보내도 상관없어.

녹색 수소를 만드는 데에는 돈이 많이 들어. 게다가 수소를 사겠다는 사람들이 적어서 이익을 남기기가 어려워. 또 수소 전용 연료 통이 달린 수소 트럭과 수소 화물선을 새롭게 만들어야 해. 그러려면 돈이 들 수밖에 없지.

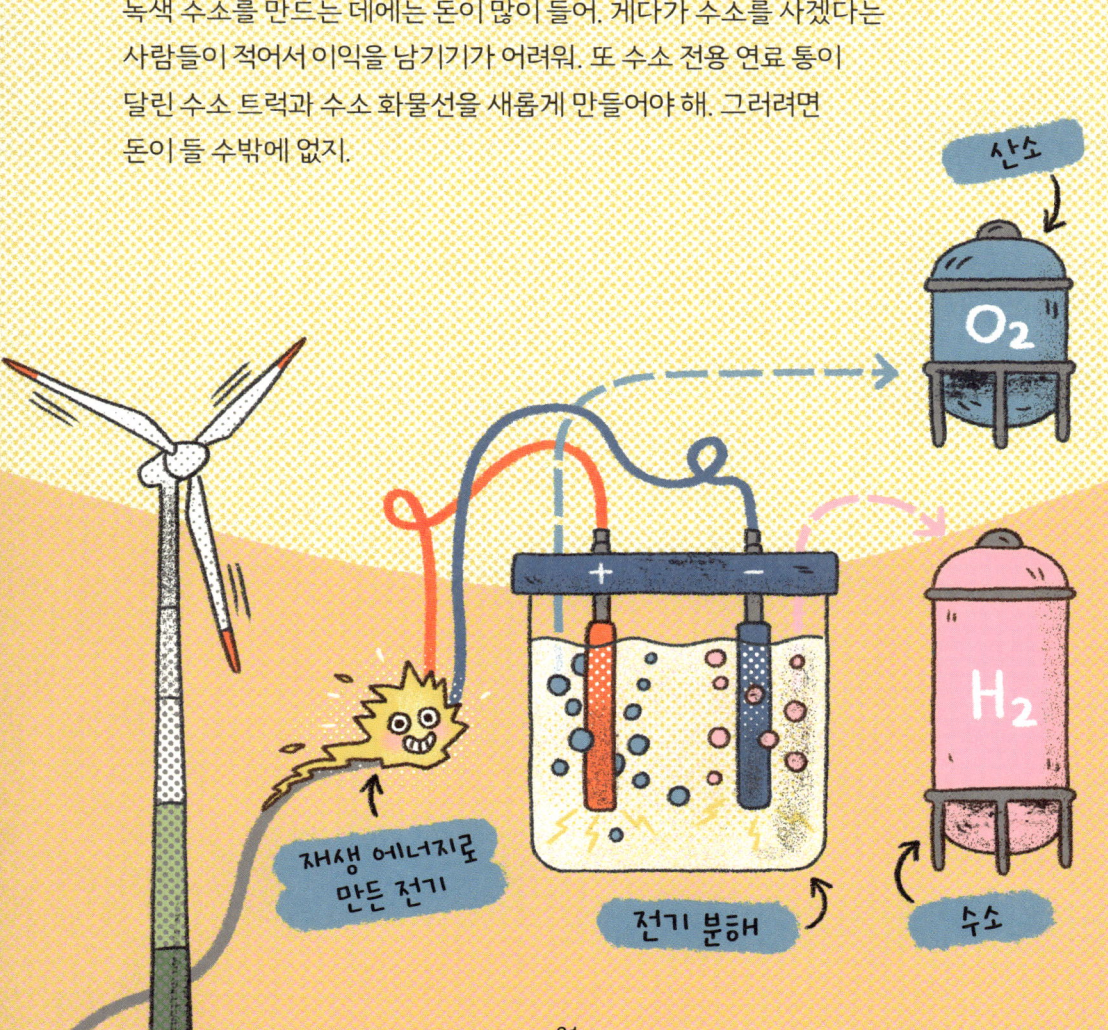

풍력 발전기와 태양광 발전기는 매번 전기를 만들어 내는 양이 달라. 바람이 많이 불거나 햇빛이 강할 땐 전기를 많이 생산하지만, 그렇지 않을 때에는 아주 적게 생산해. 어느 때에는 아예 발전을 못할 때도 있어.
풍력 발전기와 태양광 발전기가 전기를 생산하지 못할 때에는 어떻게 할까? 우리는 늘 전기가 필요한데 말이야.

발전을 하지 못할 때를 대비해서 전기를 미리 저장해 둘 수 있어. 예전부터 써 온 저장 방법은 양수식 발전소를 이용하는 거야. 전기를 많이 만들 수 있을 때에 미리 펌프를 돌려 낮은 저수지에 있는 물을 높은 저수지로 올려 보내. 나중에 전기가 필요할 때마다 저수지에 모아 둔 물로 수력 발전을 하는 거야. 하지만 아무 곳에나 발전소를 세울 수 없다는 문제가 있어.

다른 방법으로 압축 공기 저장 시스템이 있어. 양수식 발전소가 물을 저장해서 발전한다면, 압축 공기 저장 시스템은 공기를 저장해서 발전해. 전기가 남을 때 압축기로 공기의 부피를 줄인 뒤, 지하 저장소에 미리 모아 둬. 나중에 전기가 필요하면 압축된 공기를 내보내서 발전기에 연결된 터빈을 돌리는 거야.

전기를 이용해서 수소를 기체나 액체로 만들어 저장하는 방법도 있어. 이렇게 저장해 둔 수소는 필요에 따라 발전에 쓰거나 차량의 연료 통에 채워 넣을 수 있어.

배터리로도 전기를 저장할 수 있어. 네덜란드 암스테르담에는 아약스 축구팀의 경기장이 있는데, 이곳에는 태양광 에너지를 저장하는 배터리가 설치되어 있어. 태양 전지가 만든 전기를 배터리에 저장해 뒀다가 경기장이나 주변 건물에 공급하고 있지. 이 배터리는 대부분 전기 차의 배터리를 재활용한 거야.

이 밖에도 전기를 저장하는 방법이 많아. 하지만 어떤 방법도 효율이 높지 않지. 그래서 많은 전문가들이 전기를 효율적으로 저장하는 방법을 끊임없이 연구하고 있어.

에너지를 아끼려면 어떻게 해야 할까요?

그냥 덜 쓰고 살면 안 돼?

부르르르.

부유한 나라에 사는 사람들은 가난한 나라에 사는 사람들보다 에너지를 훨씬 많이 써. 냉장고, 텔레비전, 전자레인지 등 다양한 전자 제품을 쓰고, 자동차, 지하철 등을 타고 바쁘게 돌아다녀. 또 스마트폰이나 컴퓨터로 인터넷에 접속할 때에도 에너지를 많이 쓰지.

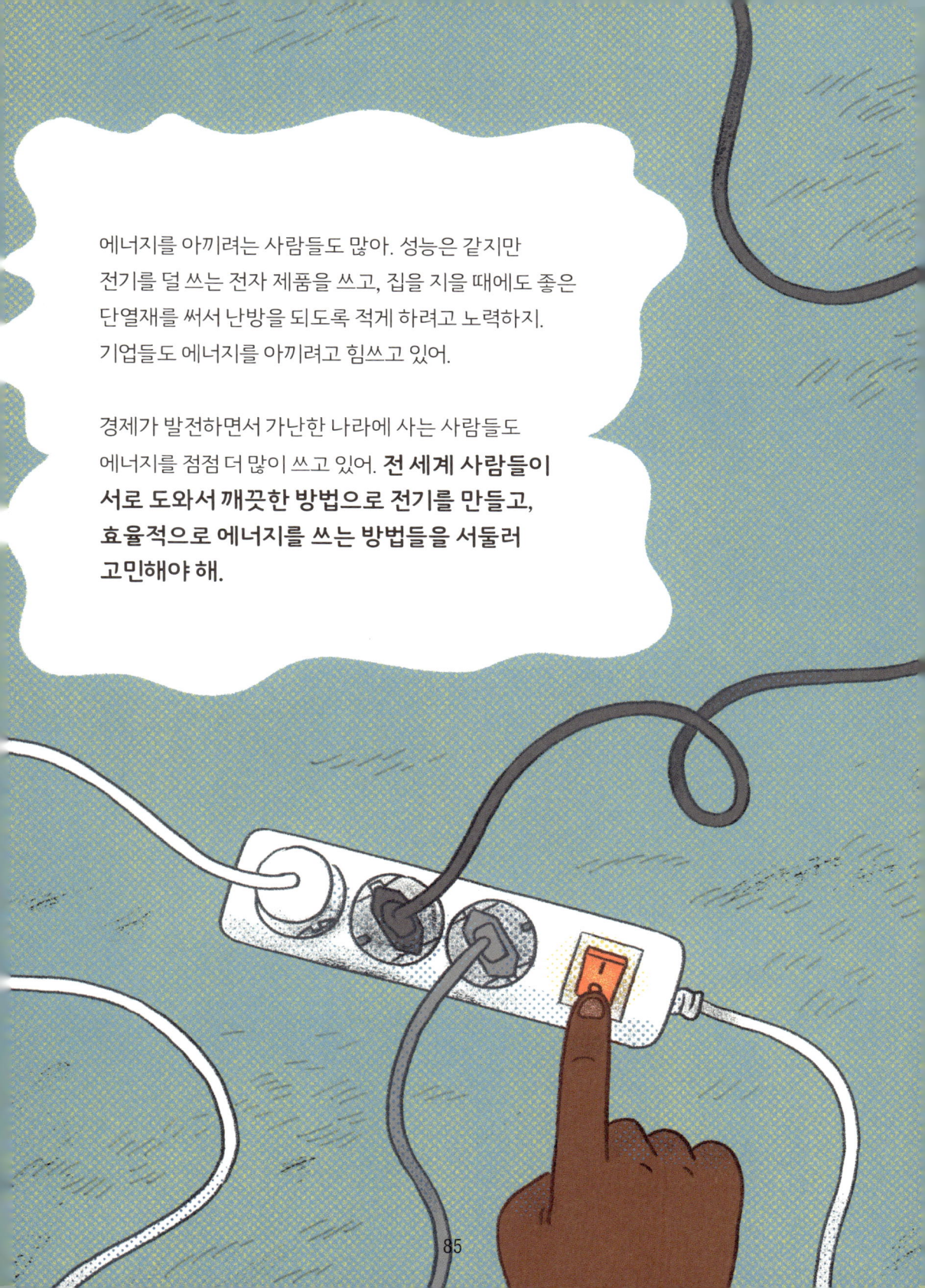

에너지를 아끼려는 사람들도 많아. 성능은 같지만 전기를 덜 쓰는 전자 제품을 쓰고, 집을 지을 때에도 좋은 단열재를 써서 난방을 되도록 적게 하려고 노력하지. 기업들도 에너지를 아끼려고 힘쓰고 있어.

경제가 발전하면서 가난한 나라에 사는 사람들도 에너지를 점점 더 많이 쓰고 있어. **전 세계 사람들이 서로 도와서 깨끗한 방법으로 전기를 만들고, 효율적으로 에너지를 쓰는 방법들을 서둘러 고민해야 해.**

"이렇게 하면 에너지를 아낄 수 있어!"

1

세탁기는 에너지를 많이 써. 한 번 입었지만 여전히 옷이 깨끗하다면, 세탁기를 돌리지 말고 한 번 더 입는 걸 권해. 세탁한 옷은 건조기에 넣는 대신 햇빛에 말리는 게 좋아.

2

새 장난감을 사기 전에 곰곰이 생각해 봐. 물건을 만들려면 반드시 에너지를 써야 해.

필요한 물건이 있으면 친구한테 빌리거나 안 쓰는 물건과 바꿔 써 보자. 중고 물건을 사는 것도 좋아.

집에 아무도 없거나 창문을 열어 환기할 때에는 보일러 온도를 낮추거나 에어컨을 잠시 끄자.

④ 불 끄는 습관을 기르도록 노력해 봐. 아무도 없는 방에 불을 켜 놓는 건 에너지 낭비야.

 학교가 가깝다면 자전거를 타거나 걸어서 가는 건 어때?

꼭 조심해서 타자!

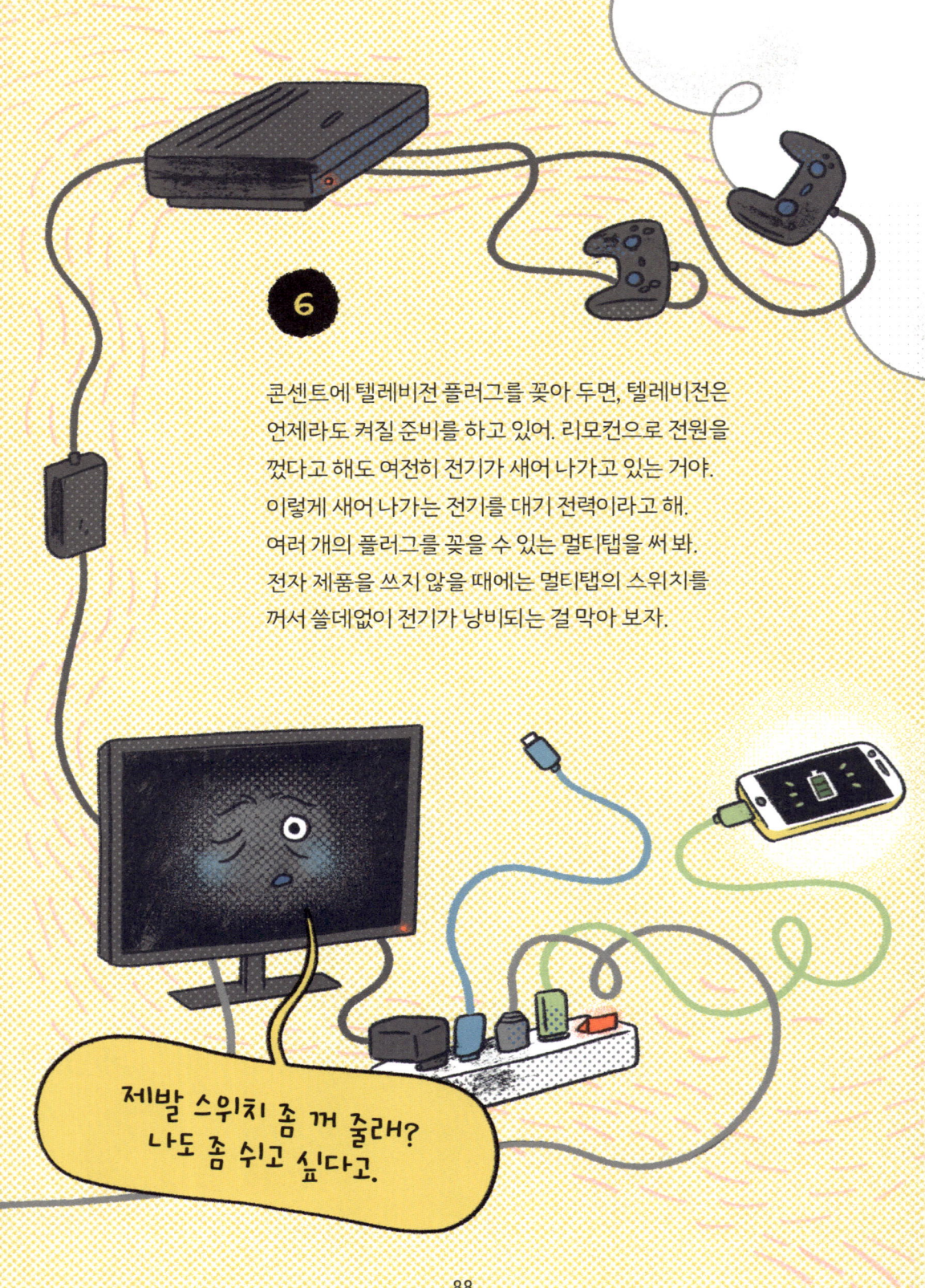

콘센트에 텔레비전 플러그를 꽂아 두면, 텔레비전은 언제라도 켜질 준비를 하고 있어. 리모컨으로 전원을 껐다고 해도 여전히 전기가 새어 나가고 있는 거야. 이렇게 새어 나가는 전기를 대기 전력이라고 해. 여러 개의 플러그를 꽂을 수 있는 멀티탭을 써 봐. 전자 제품을 쓰지 않을 때에는 멀티탭의 스위치를 꺼서 쓸데없이 전기가 낭비되는 걸 막아 보자.

제발 스위치 좀 꺼 줄래? 나도 좀 쉬고 싶다고.

7 냄비와 프라이팬은 바닥이 평평한 게 좋아. 바닥의 크기는 조리하는 기구의 열판 크기와 딱 맞는 걸 고르자. 물을 끓일 때에는 필요한 양만 넣고, 뚜껑을 닫아서 열이 밖으로 나가지 않도록 해. 뚜껑을 닫지 않으면, 물이 끓는 시간이 길어져서 에너지를 많이 쓰게 돼.

8 식기세척기를 쓸 때에는 그릇을 한꺼번에 모아서 쓰자. '절약 모드'나 '에코 모드'를 선택하면 물과 전기를 좀 더 아낄 수 있어.

9 전자 제품을 살 때에는 '에너지 소비 효율 등급'을 꼭 살펴봐. 1등급에 가까울수록 가격이 비싸지만, 사용할수록 전기 요금이 덜 나가서 에너지와 돈을 모두 아낄 수 있어.

미래에는 어떤 에너지를 쓸까요?

태양은 스스로 빛을 내. 이 말은 스스로 에너지를 만들어 낼 수 있다는 뜻이야. 태양은 주로 수소로 이루어져 있어. 수소 원자핵들은 뜨거운 태양 안에서 끊임없이 서로 결합하는데, 이걸 핵융합이라고 해. 이 과정에서 **어마어마한 빛과 열 에너지가 나와서 우리 지구까지 도달하지.**

지난 수십 년 동안 과학자들은 태양과 같은 핵융합 발전을 하기 위해 꾸준히 연구해 왔어. 핵융합 발전이 가능해진다면, 1그램의 연료만으로 석탄 11톤을 태우는 것과 맞먹는 에너지를 만들 수 있어. 환경을 오염시키지 않으면서 싸고 안전하게 에너지를 쓸 수 있는 거야. 게다가 에너지가 고갈될 걱정도 사라져.

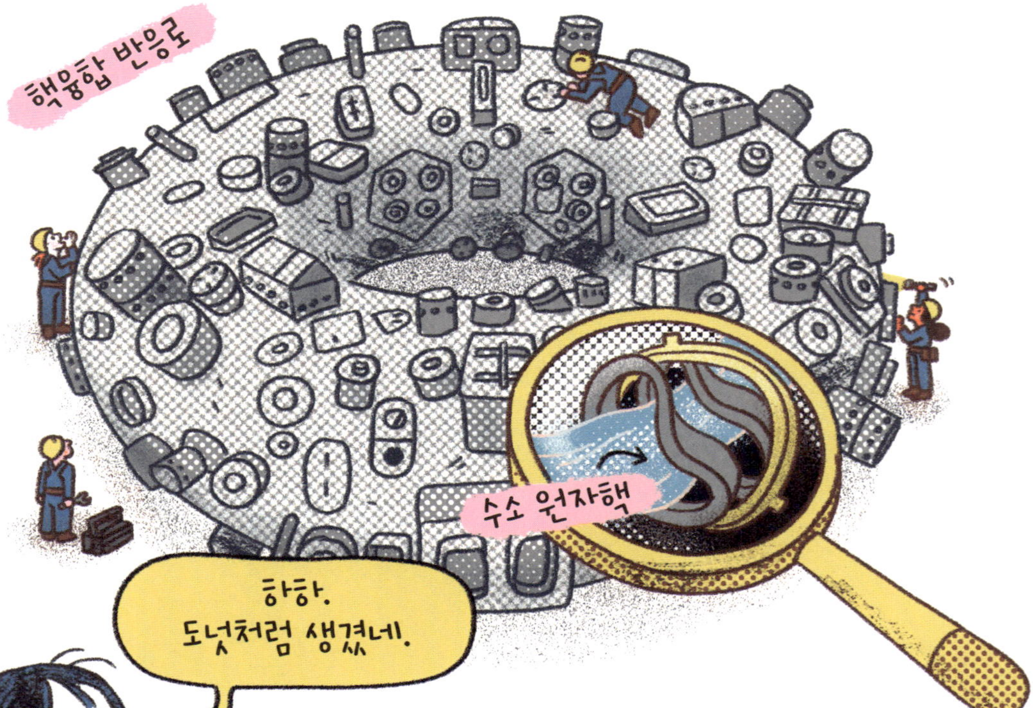

핵융합 실험은 여러 번 성공했어. 하지만 핵융합으로 얻은 에너지의 양이 여전히 기대에 못 미치고 있지. 많은 나라에서 실험과 연구를 하고 있으니까, 머지않아 핵융합 발전으로 만든 전기를 쓰는 날을 기대해 보자고.

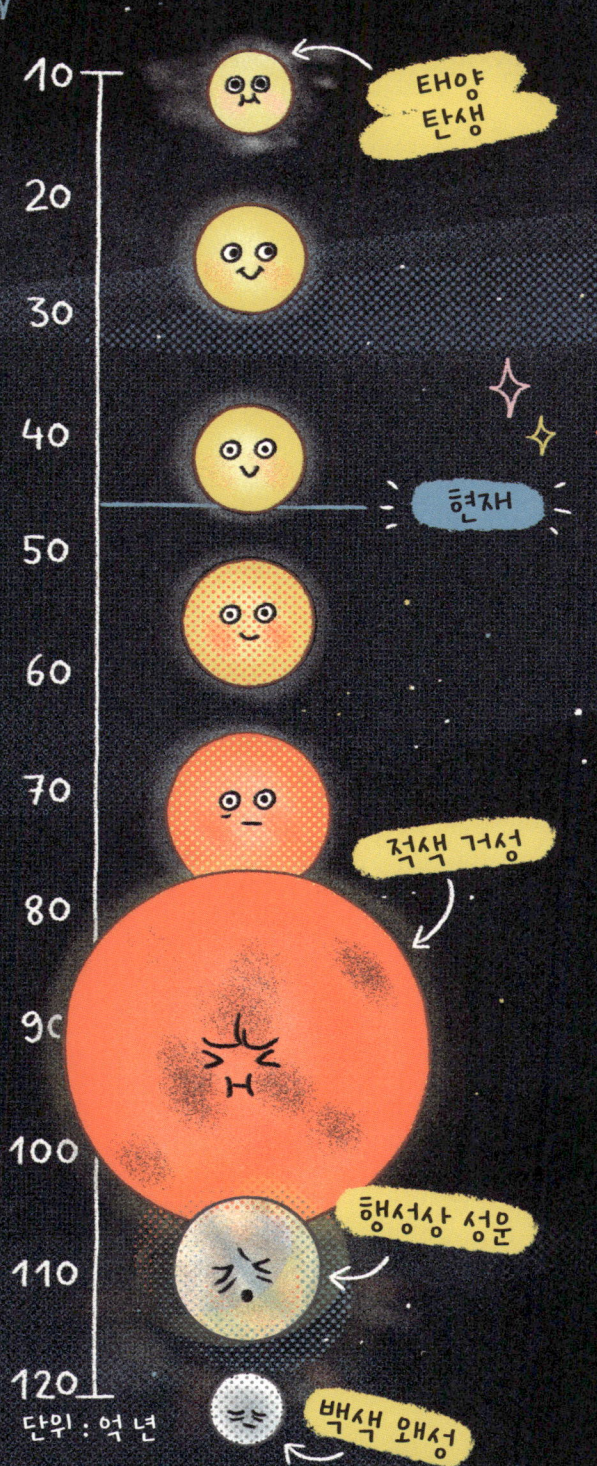

태양은 아주 오래전부터 불타고 있어. 언젠가 태양이 내뿜는 에너지도 모두 없어질지 몰라. 핵융합이 멈추면, 태양은 지금보다 100배 커져서 적색 거성이 될 거야. 점점 더 부피가 커져서는 행성상 성운이 되어 구름처럼 퍼져 보일 테고, 결국엔 흰빛을 내는 백색 왜성이 되어 죽음을 맞이하고 말 거야. 하지만 너무 걱정 마. 이런 일들은 60억 년 뒤에나 일어날 거니까. 태양은 46억 년 전에 태어났고, 앞으로도 오랫동안 빛날 거야. 태양은 아직 자기 수명의 반도 살지 않았어.

💡 알아 두면 쓸모 있는 에너지 용어 사전

- **냉각탑** 뜨거워진 물을 식혀서 냉각수로 만드는 장치.
- **드릴십** 깊은 바다에 쓰이는 배 모양의 해양 시추 설비.
- **바이오매스** 에너지 자원으로서 활용되는 식물, 동물, 미생물의 유기물. 바이오매스를 불로 태우거나 발효시켜 생기는 메탄, 에탄올, 수소 등을 에너지 자원으로 쓸 수 있다.
- **바이오 에너지** 바이오매스를 연료로 얻을 수 있는 에너지.
- **반잠수식** 물속에 일부가 잠겨 있는 해양 시추 설비.
- **발전기** 운동 에너지나 위치 에너지를 전기 에너지로 바꾸는 장치.
- **배전** 외부에서 받은 전기를 적절한 양으로 조절해서 내보내는 일.
- **변압기** 전압을 높이거나 낮추는 장치.
- **변전소** 전압을 바꾸어서 내보내는 시설. 변압기, 차단기 등으로 구성되어 있다.
- **보일러** 물을 데워 수증기를 일으키는 장치.
- **복수기** 수증기를 식혀서 물이 되게 하는 장치.
- **수소** 지구에 존재하는 가장 가벼운 기체로, 우주 질량의 75%나 될 정도로 풍부하다. 에너지 자원으로 사용하려면 물과 천연가스 등에서 수소를 뽑아내야 한다.
- **승강식** 얕은 바다에 쓰이는 해양 시추 설비.
- **시추** 지하에 묻힌 자원을 조사하기 위해 구멍을 파는 일.
- **열 병합 발전소** 전기 생산과 지역난방을 함께 할 수 있는 발전소.
- **원자로** 원자핵을 연속적으로 분열시켜 에너지를 끌어내는 장치.
- **재생 에너지** 화석 연료와 달리 계속 써도 자연에서 다시 발생하는 에너지. 물, 바람, 태양 등이 있다.
- **제동기** 기계 장치의 속도를 조절하는 장치.
- **집진기** 공기 속의 먼지를 모으고, 유해한 성분을 제거하는 데 쓰는 장치.
- **채굴** 땅속에 묻힌 자원을 캐내는 일.
- **태양광** 태양의 빛. 태양 전지를 이용해서 전기를 생산할 수 있다.
- **태양열** 태양에서 지구까지 미치는 열.

- **터빈** 수증기와 물 따위로 날개를 돌려서 힘을 얻는 장치.
- **폐열** 쓰고 남은 열.
- **플랫폼** 바다 밑바닥에 고정시켜서 자원을 채굴하고 저장하는 해양 설비.
- **핵융합** 가벼운 원자핵이 결합해서 무거운 원자핵이 되는 일. 태양에서는 수소 원자핵이 결합하여 헬륨 원자핵이 된다. 이 과정에서 빛과 열 에너지가 나온다.
- **화석 연료** 오래전 살았던 생물의 유기체가 열과 압력에 의해 탄소 화합물로 변한 것. 석탄, 석유, 천연가스가 있다.

이 책에 수록된 자료를 조사하는 동안 여러 전문가의 도움을 받았습니다. 질문에 성실하게 답변해 주셔서 감사합니다. 특히 많은 도움을 주신 전문가들을 소개합니다.

· **마누엘 프론델 교수**   라이프니츠 경제 연구소(RWI)에서 환경과 자원 관할권 분야 연구
· **기젤라 그루페 교수**   뮌헨의 인류학 및 환경사 연구 그룹
· **이자벨라 밀히**   막스 플랑크 연구소에서 플라스마 물리학 연구
· **크리스티안 플레틀 공학 박사**   뮌헨 시사업소 분산 발전과 재생 에너지 부서장
· **안드레아스 로이터 교수**   프라운호퍼 풍력 에너지 연구소장
· **디터 울 교수**   프랑크푸르트의 젠켄베르크 자연사 박물관 연구소의 고환경과 고기후 분과장
· **디르크 비토브스키 교수**   뒤스부르크 에센 대학교 이동성 및 도시 계획 연구소